PARA ALÉM DA BARBÁRIE CIVILIZATÓRIA

O AMOR E A ÉTICA HUMANISTA

PARA ALÉM DA BARBÁRIE CIVILIZATÓRIA

O AMOR E A ÉTICA HUMANISTA

Sueli Damergian

Casa do Psicólogo®

Para dona Ursulina e senhor José, meus pais queridos, com a eternidade de meu amor e de minha gratidão.

Para Bianca Caroline
Bruno
Felipe
Matheus
Giovana
Julia
Bruna

crianças iluminadas,
esperança de um mundo melhor.

© 2009 Casapsi Livraria, Editora e Gráfica Ltda.
É proibida a reprodução total ou parcial desta publicação, para qualquer finalidade, sem autorização por escrito dos editores.

1ª edição
2009

Editores
Ingo Bernd Güntert e Jerome Vonk

Assistente Editorial
Aparecida Ferraz da Silva

Produção Gráfica & Capa
Carla Vogel

Editoração Eletrônica
Carla Vogel

Preparação de Textos
Luciane Helena Gomide

Revisão
Nair Hitomi Kayo

Revisão Gráfica
Aparecida Ferraz da Silva

Revisão Final
Vinícius Marques Pastorelli

Dados Internacionais de Catalogação na Publicação (CIP)
(Câmara Brasileira do Livro, SP, Brasil)

Damergian, Sueli
Para além da barbárie civilizatória : o amor e a ética humanista / Sueli Damergian. -- São Paulo : Casa do Psicólogo®, 2009.

Bibliografia.
ISBN 978-85-7396-655-8

1. Civilização - Filosofia 2. Civilização - História 3. Ética humanista 4. Psicologia social I. Título.

09-09252   CDD-302

Índices para catálogo sistemático:
1. Civilização e barbárie : Psicologia social 302

Impresso no Brasil
Printed in Brazil
Reservados todos os direitos de publicação em língua portuguesa à

Casapsi Livraria, Editora e Gráfica Ltda.
Rua Santo Antônio, 1010
Jardim México • CEP 13253-400
Itatiba/SP - Brasil
Tel. Fax: (11) 4524.6997
www.casadopsicologo.com.br

SUMÁRIO

PREFÁCIO 11

INTRODUÇÃO 19

I. OS CAMINHOS PERDIDOS DA TRANSCENDÊNCIA
   E A BARBÁRIE CIVILIZATÓRIA 35
   • o vazio interior e a subjetividade narcísica
   • a crise de pensamento
   • a arte vazia
   • a educação
   • a religiosidade

II. PARA ALÉM DA BARBÁRIE: CAMINHANDO
    ENTRE A PSICOLOGIA SOCIAL E A PSICANÁLISE 109
    • a construção da subjetividade
    • os modelos saudáveis de identificação
    • a ética humanista e o amor

III. CONSIDERAÇÕES QUASE FINAIS... 175

REFERÊNCIAS BIBLIOGRÁFICAS 203

O encontro com Outrem é imediatamente minha responsabilidade por ele. A responsabilidade pelo próximo é, sem dúvida, o nome grave do que se chama amor do próximo, amor sem Eros, caridade, amor em que o momento ético domina o momento passional, amor sem concupiscência.

Lévinas, E.

PREFÁCIO

A primeira impressão que o seu livro desperta no leitor é a de uma forte coerência entre seus propósitos e a sua realização.

O que se propõe a fazer é elaborar *um diagnóstico dos males da civilização contemporânea*, diagnóstico ao qual acrescenta uma espécie de *roteiro terapêutico* na linha de um pensamento resolutamente humanista. Ambas as dimensões foram plenamente contempladas no ensaio, o que mostra que, desde o início, dispunha de um plano bem definido de levantamento de fontes e de ordenação da leitura sobre cada autor escolhido.

As fontes são várias, mas não díspares, pois Sueli selecionou duas vertentes que lhe pareceram indispensáveis para fundamentar o que chama de pensamento humanista: escritos de filósofos e escritos de psicanalistas.

Esse encontro é, como se sabe, fecundo, e já nos veio recomendado pela fundadora de nosso curso de psicologia e nossa mestra comum, a prof[a]. Annita de Castilho e Marcondes Cabral. Lembro que, quando interrogada sobre o motivo de ter incluído no currículo a disciplina filosofia, que abrigava professores hostis à psicologia, a prof[a]. Annita respondeu que a filosofia é sempre necessária, qualquer que seja a ciência básica estudada, e, mais ainda, que "cultivava a contradição". Foi um bom começo, posto que difícil.

No capítulo do diagnóstico, que ocupa toda a primeira parte do texto, observo uma constante original no seu discurso. Os filósofos escolhidos não apareceram enfileirados, um após o outro, mas muitas vezes emparelhados, de tal maneira que os conceitos de um são retomados pelo outro, e a diversidade dos contextos em que eles pensaram me parece compensada pela convergência de temas. Essa aproximação torna o seu discurso mais denso do que se se limitasse a comentar em separado a obra de cada pensador.

Assim acontece com um dos motivos centrais do trabalho que é a erupção da *barbárie* como uma das características particularmente funestas da civilização contemporânea. Uma das reflexões clássicas sobre a barbárie da civilização de massas deve-se a Ortega y Gasset. *A rebelião das massas* tornou-se um texto obrigatório, aliás precoce, para todos os que quiseram caracterizar a fase de solidificação do capitalismo mundial, em que o fetiche da mercadoria e do consumo perverteu tão fundamentalmente as relações humanas e a consciência individual.

Ortega y Gasset não se valia absolutamente de uma linguagem marxista, como o fez a Escola de Frankfurt a partir dos anos de 1930 e sobretudo no período do nazismo. Mas, embora vazadas em um tom que pode parecer conservador, as reflexões de Ortega y Gasset acertavam no alvo, que era a formação do homem no bojo do capitalismo contemporâneo, ou seja, o *senõrito satisfecho*, precisamente aquele novo jovem burguês, ou subido na vida, que desprezava soberbamente toda a cultura humanística do Ocidente e, ao mesmo tempo, olhava do alto da sua riqueza tecnológica o pobre e as populações colonizadas pela Europa, que hoje constituem o Terceiro Mundo.

A figura desse homem-massa é uma das conquistas da crítica cultural, em seguida assumida, a partir de uma perspectiva hegeliano-marxista, por Adorno e seus companheiros escapos ao nazismo e exilados nos Estados Unidos, onde puderam estudar o homem médio norte-americano, com toda a barbárie e puerilidade de uma cultura sem memória nem reflexão filosófica.

Mas o livro não se limita a comentar as ideias de Ortega y Gasset; vai além, buscando em textos de Lévinas uma análise fenomenológica desse tipo humano, que vive à pura exterioridade, parecendo não ter "rosto", imagem de forte conotação existencial a que Sueli dedica comentários sugestivos. Ao homem-massa, o filósofo contrapõe o ser pensante, que ilumina o seu cotidiano corporal com as luzes da consciência. Essa aproximação entre o pensamento de Ortega y Gasset e o de Lévinas é uma das conquistas teóricas do seu trabalho.

Outro emparelhamento original está formulado no Capítulo I, "Os caminhos perdidos da transcendência e a barbárie civilizatória". Trata-se do seu comentário à paradoxal expressão de Vico em *Ciência Nova: barbárie da reflexão*. O caráter paradoxal da expressão salta à vista, na medida em que é consenso considerar a reflexão como o oposto da barbárie. O contexto, porém, esclarece o que Vico queria dizer. Há, como se sabe, um desenho cíclico na filosofia viquiana da História. A humanidade conhece avanços e retornos, *corsi* e *ricorsi*.

Os homens passam por eras distintas, começando pelo estado selvagem, ou natural, em que ainda não articulam palavras, mas só se comunicam por gestos, e toda a sua existência se concentra na luta feroz pela sobrevivência. Chegam depois à idade mítica, ou poética, em que há uma relação viva dos homens com a natureza e se cria toda uma mitologia antropomórfica, o que é a fase arcaica das civilizações; e entram, por fim, na idade civil, em que se constituem os estados e se refina a civilização pela invenção das técnicas e a criação das ciências e do pensamento abstrato.

Alcançando esse estágio, que seria o da reflexão, os homens caem no excesso do consumo material e intelectual, refinam-se exageradamente, a ponto de perverter a própria natureza humana de que foram dotados, e podem, no limite, recair em um estado de barbárie, de uso violento da técnica e de uso sofístico da palavra. Esse estado já não será o da barbárie primitiva (pois a História, a rigor, não se repete tal e qual), mas de **uma nova barbárie que coexiste com o pensamento civilizado.**

Ora, essa nova situação, tão parecida com o mundo contemporâneo, sofisticado e violento ao mesmo tempo, é desenhada no texto de um filósofo que a autora privilegia, Mattéi. Trata-se de um pensador que retoma Horkheimer e Adorno e os radicaliza na direção de uma crítica da civilização contemporânea. Suas considerações sobre a autoexaltação do sujeito narcísico coincidem com todos os sintomas de regressividade que os frankfurtianos, dialogando com a psicanálise, verificaram no homem-massa de nossos dias.

Vejo, portanto, que o livro consegue estabelecer uma relação subterrânea entre pensadores diversos: um historicista clássico, como Vico, marxistas hegelianos, como são Adorno e Horkheimer, e autores ligados à psicanálise.

Poderia dizer o mesmo a propósito das reflexões de Hannah Arendt como leitora de Platão, reatualizando o Mito da Caverna. Mas quanto a essa relação particular, sinto que é um dos pontos de convergência que mais impressionam.

Uma passagem especialmente feliz e atual é a que desejaria destacar como mais um exemplo do que se tornou a rotina da vida contemporânea. Falando sobre o esvaziamento da subjetividade, lembra a experiência do *quiet party*, uma espécie de sessão de silêncio que nasceu em novembro de 2002, em Nova York, após uma tentativa frustada feita por Paul Rebhan e Tony Noe que não conseguiram encontrar nas ruas de Manhattan um único lugar público (bar ou restaurante), no qual fosse possível conversar em torno de um copo. Em toda parte, o insuportável "som ambiente" impedia toda e qualquer comunicação. Daí a organização dessas noites de *quiet party*, nas quais é proibida, até pelo menos às 21 horas, a emissão de qualquer som. Instalam-se no recinto vigilantes do silêncio que garantem o êxito da iniciativa, mas que se retiram depois desse horário. Uma medida salutar, sem dúvida, que desejaríamos que fosse tomada em todos os restaurantes e bares da pauliceia desvairada. Achei muito oportuna a inclusão desse episódio, que trouxe à tese a marcação de uma realidade que se insere na barbarização de nosso cotidiano (veja-se a observação de Robert Kurz sobre o silêncio que é um luxo raro e às vezes muito caro em nossa civilização).

Felizmente, depois do diagnóstico, que não poderia deixar de ser sombrio, o livro nos dá **várias pistas terapêuticas**.

Confesso que fiquei agradavelmente surpresa ao verificar que, em vez de exasperar as diferenças metodológicas (vezo comum aos professores universitários), trabalha no sentido de descobrir convergências. Na linha corajosa de um Teilhard de Chardin, a quem se deve a bela ideia de que "tudo o que sobe, converge".

No caso, Sueli acolhe as tentativas de desenhar um espaço ético que seria comum a teorias diferentes como a da psicanálise clássica, a freudiana e a Teoria da Gestalt, particularmente a aplicada às estruturas psicossociais e representada pelas teses de Kurt Lewin.

Sem entrar nos meandros teóricos que justificam essa convergência, não deixa de ser um retorno bem-vindo às origens do curso de psicologia, ou seja, aos esforços despendidos pela prof[a]. Anitta Cabral, esse aprofundamento da dimensão social e ética da Gestalt.

Lewin, segundo a sua leitura,

> "cogita, a partir da Alemanha, construir uma sociedade melhor, de tempo de paz. Além de destacar a importância de se atingir a vida familiar, de se levar em conta a relação mãe-criança, ele assinala a necessidade de se trabalhar diretamente com o adolescente. Como bem lembra Lewin, é esse nível de idade que apoiava Hitler freneticamente, de maneira mais cega e sem escrúpulos. Além do mais, o adolescente está situado em um nível de idade que determina qual o padrão cultural que terá vigor na geração seguinte. Lewin destaca a importância de se transformar esse grupo, entusiasmado e vigoroso, em um grupo cooperativo, que possa colaborar para uma construção produtiva".[1]

Aproximando as análises de Melanie Klein sobre a primeira infância e a abordagem gestáltica e cultural de Lewin sobre a formação

---

[1] "Problemas de Dinâmica de Grupo" – Kurt Lewin (1970)

mental do adolescente, Sueli nos dá pistas seguras para enfrentar, com os olhos postos em uma filosofia humanista, a barbárie que penetrou no cerne mesmo da civilização de massas no qual estamos imersos. E, dentro dela, procurar, e às vezes encontrar, instrumentos de salvação.

Ecléa Bosi

INTRODUÇÃO

REFLEXÕES...

À espera dos bárbaros

O que esperamos na ágora reunidos?
É que os bárbaros chegam hoje.

Por que tanta apatia no senado?
Os senadores não legislam mais?
É que os bárbaros chegam hoje.
Que leis hão de fazer os senadores?
Os bárbaros que chegam as farão.

Por que o imperador se ergueu tão cedo
e de coroa solene se assentou
em seu trono, à porta magna da cidade?

É que os bárbaros chegam hoje.
O nosso imperador conta saudar
o chefe deles. Tem pronto para dar-lhe
um pergaminho no qual estão escritos
muitos nomes e títulos.

Por que hoje os dois cônsules e os pretores
usam togas de púrpura, bordadas,
e pulseiras com grandes ametistas
e anéis com tais brilhantes e esmeraldas?
Por que hoje empunham bastões tão preciosos,
de ouro e prata finamente cravejados?

É que os bárbaros chegam hoje,
tais coisas os deslumbram.

Por que não vêm os dignos oradores
derramar o seu verbo como sempre?

É que os bárbaros chegam hoje
e aborrecem arengas, eloquências.

Por que subitamente esta inquietude?
(Que seriedade nas fisionomias!)
Por que tão rápido as ruas se esvaziam
e todos voltam para casa preocupados?

Porque é já noite, os bárbaros não vêm
e gente recém-chegada das fronteiras
diz que não há mais bárbaros.

Sem bárbaros o que será de nós?
Ah! eles eram uma solução.

Konstantinos Kaváfis (1982)

Reflexões... sobre o quê? As reticências inauguram o instante do pensamento aberto às novas indagações, à busca de respostas que nem sempre encontramos, às angústias que se renovam no processo do viver.

As reticências... são ótimas as reticências. Interditam a onipotência de nosso pensamento, o narcisismo que nos leva à pretensão de termos respostas definitivas para os problemas da humanidade. Interditam o ponto final. O pensamento fechado. O conhecimento estéril: cada vez mais novas e novas teorias, novos e complicados nomes para antigos e sábios conceitos, o nosso saber a que tudo responde e... ponto!

Mas depois do ponto final e da exclamação, a dúvida. Dúvida? E a pergunta: o que sabemos, o que fazemos com o nosso saber? Ele se aplica a nós, ao nosso autoconhecimento, à vida? Contribui para sermos melhores, mais humanos, solidários, construtivos, amorosos?

Temos acumulado cada vez mais conhecimento científico e tecnológico. Viagens tripuladas a outros planetas não são mais assunto de ficção científica. A exploração do espaço sideral expande-se cada vez mais, as maravilhas da técnica nos são apresentadas incessantemente.

Enfim, "conquistamos a natureza", o espaço extraterrestre está à vista. Somos os grandes dominadores do mundo exterior. Será que somos? "Conquistamos a natureza" e a estamos exterminando a cada dia. As trágicas evidências diárias dos efeitos do aquecimento global em diferentes pontos do planeta ainda não são suficientes para impedir as ações que comprometem e ameaçam a vida na Terra.

Em pleno século XXI, o avanço tecnológico e científico, todo o conhecimento que alcançamos, não impede que sangrentos genocídios sejam praticados por todo o planeta. Em nome da paz, da religião, da segurança, de um pedaço de terra, do poder, da dominação, das idiossincrasias dos governantes de plantão.

Na verdade, as idiossincrasias dos governantes de plantão podem até levar algum deles a apertar o botão do juízo final. E lá se vai todo o nosso conhecimento tecnológico e científico. Esquecemo-nos de que mal utilizados são os instrumentos de dominação e destruição, brinquedos perversos a alimentar o desvario dos poderosos.

Um cenário de *day after* já se faz presente. A guerra econômica, controlada pelos grandes grupos hegemônicos e liderada pelo deus Mercado, produz diariamente milhares de vítimas em todo o planeta. Multidões de miseráveis, de famintos, de crianças esquálidas, o olhar tão vazio quanto o estômago, todos aglomerados nas ruas de países africanos, por exemplo, ou em amontoados de barracos rodeados por insetos e lixo, são o cenário da arquitetura da pobreza. No Haiti, no Brasil, em todos os lugares do mundo onde a justiça, a solidariedade, a fraternidade e o amor são massacrados pela ambição, pelo ódio, pela corrupção, pela inveja, pela indiferença ao sofrimento do próximo.

Ao cenário de *day after* não faltam outros atores: o terrorismo, em suas mais variadas vertentes: de Estado, urbano, de quadrilhas, nos relacionamentos humanos mais que desumanos. O terrorismo da violência física, da intimidação psíquica, da ameaça, da perseguição, de tudo o que conduz ao medo, ao terror, à violentação do sentido do humano.

O terrorismo dos que não se satisfazem em assaltar, roubar, subtrair... Precisam matar, queimar, apagar suas vítimas, como se em sua louca e inumana onipotência fossem capazes de eliminar a alma dos corpos que destroem.

O terrorismo dos soldados invasores no Iraque, que torturam e humilham seus prisioneiros de guerra. Violentando e matando crianças e jovens indefesos, arrasando povoados, invibializando a vida em um país oprimido.

O terrorismo de detentos rebelados em prisões brasileiras, que se divertem jogando futebol com as cabeças decepadas de seus inimigos de facção.

O terrorismo como exacerbação da violência, da pulsão de morte. Da mais total, absoluta e absurda desconsideração pela vida, pelo outro, que não é mais nem próximo nem semelhante. É impossível esquecer os rostos das centenas de crianças massacradas em Beslan, na Rússia, 2004.

Como também não é possível esquecer os rostos das crianças que morrem diariamente no mundo, diaceradas pela fome, pela sede, pelas doenças, pelo abandono, pela indiferença das famílias, dos governos, dos poderosos, dos outros, de todos nós.

Para a violência, a destruição, o terrorismo em todas as suas formas, não existem rostos, nem próximos, nem semelhantes. Mas os rostos não podem ser esquecidos, nunca. O rosto, como mostra Lévinas (2004), inaugurou o momento ético, a ruptura da indiferença para com o outro. Trata-se agora do outro que significa, que existe, com direito à vida, aos afetos, ao trabalho, a construir seu destino.

Entretanto, a injustiça, a corrupção, a violência, a ambição, a indiferença, o terror, a guerra (até quando vai a guerra no Oriente Médio?) e tantos outros males decorrentes de nossa ainda pequena evolução ética e espiritual interpõem-se entre o outro e a construção de seu destino.

Esses males, que ainda existem dentro de nós, seres humanos, são também praticados por nós, "humanos desumanizados", contra nosso próximo. Podemos considerar os adeptos dessa prática como candidatos a deuses e senhores de vidas que não lhes pertencem, que são incapazes de criar, mas não de destruir.

Apesar do lugar-comum, cabe lembrar que as conquistas da tecnologia e da ciência deveriam proporcionar uma vida mais feliz no planeta, não fosse a distância enorme entre seu avanço e o atraso na evolução ética da humanidade.

Essa distância faz de nosso planeta um lugar cada vez mais perigoso para se viver. A ameaça de um confronto nuclear paira como uma espada sobre nossas cabeças. À guerra fria e à bipolaridade entre os Estados Unidos e a extinta União Soviética, segue-se a ameaçadora multipolaridade que envolve o Irã, a Coreia do Norte, Israel, Palestina, os Estados Unidos, as mortes sem fim no Iraque etc.

Diferenças religiosas e étnicas, ambições políticas e territoriais, e desejo de dominação, intolerância e incompreensão alimentam as hostilidades. Enfim, tudo o que diz respeito à pulsão de morte, que desintegra, separa, destrói, como Freud bem nos ensinou (1930).

Um olhar menos distraído para os relacionamentos humanos à nossa volta não é mais animador. Hostilidade, preconceito, humilhação, violência física, psicológica e sexual, e exploração; trabalho escravo; dissolução dos núcleos familiares etc. imprimem a marca da pulsão de morte em nossa vida.

A tecnologia aplicada à informação trouxe-nos as maravilhas da internet, da possibilidade de aproximar as pessoas em continentes distantes, de nos manter ligados com o mundo em um toque de botão; de pesquisar, esclarecer, adquirir conhecimentos etc. Enfim, ela nos abre a um mundo de possibilidades, que podem enriquecer nossa vida.

Infelizmente, o anonimato que a caracteriza é a pátria de todas as covardias. Pedofilia, tráfico de drogas, prostituição, todas as espécies de "golpes" para prejudicar o próximo, seja econômica, física, moral ou psiquicamente, circulam livre e covardemente pela internet.

Páginas do Orkut são criadas por verdadeiros desequilibrados e infratores da lei. Protegidos pelo anonimato, criam falsos perfis, apropriando-se da identidade de pessoas sérias e respeitáveis. Ao denegri-las, fazendo-se passar por elas, dão vazão a seus sentimentos e ressentimentos mais destrutivos, mais pobres, menos nobres.

Mais uma vez, a pulsão de morte fala mais alto, apropriando-se de uma conquista humana que deveria estar sempre a serviço da vida, do crescimento ético, intelectual e afetivo e utilizando-a para o mal, para tudo o que é antivida.

Afinal, o que está acontecendo conosco, com a nossa humanidade? Poderíamos nos estender à exaustão enumerando ou descrevendo os infortúnios que nos afligem, espantam, aterrorizam. Mas não é esse o objetivo de nosso trabalho, até porque ele se transformaria em um circo de horrores, insuportável para qualquer leitor.

Há ainda uma outra razão fundamental a ser considerada: a pulsão de vida. Apesar do desequilíbrio e até de um certo predomínio da pulsão de morte em boa parte de nosso cotidiano, ela ainda não venceu a luta das pulsões, como nos advertiu Freud (1930). Felizmente!...

Portanto, ainda há esperanças para a humanidade. Melhor dizendo, ainda há esperanças de evitarmos a nossa desumanização total, saindo do estado de "barbárie civilizatória" em que estamos mergulhados.

A inquietante beleza do poema de Kaváfis nos esclarece mais que muitas teorias:

... e gente recém-chegada das fronteiras
diz que não há mais bárbaros.

Sem bárbaros o que será de nós?
Ah! eles eram uma solução.

Sim, os bárbaros eram uma solução. Para os civilizados romanos, que assim se definiam, ainda que conquistadores implacáveis, cometendo todas as atrocidades e perversões, mas habitantes das cidades. Delimitados pelas fronteiras físicas, políticas, jurídicas e morais que os definiam como humanos e civilizados, restava aos de fora o estado de barbárie.

Os bárbaros eram uma solução também para nós, que tanto nos orgulhamos dos progressos alcançados pela nossa civilização. Esse orgulho só tem razão de ser quando o nosso olhar está voltado apenas para as conquistas materiais que alcançamos. Entretanto, até estas ficam comprometidas quando temos consciência de que beneficiam apenas uma parte da humanidade; que são muitas vezes instrumentos de dominação; que são muitas vezes desviadas de suas finalidades.

Mais comprometido ainda fica nosso orgulho quando nos damos conta do mal, da violência, da inveja, da ambição, enfim, das obscuridades que ainda carregamos dentro de nós. E que negamos, pois não admitimos que pouco nos conhecemos e que temos muito a crescer. Afetivamente, emocionalmente, eticamente, espiritualmente.

Na verdade, impulsionados pelo nosso orgulho e onipotência, por tanto "progresso civilizatório", temos dificuldade em aceitar que somos portadores do bem e do mal, capazes de amor e ódio, altruísmo e egoísmo, de construir e destruir. Valorizamos e estimulamos as questões do intelecto, da matéria, da vida exterior. E desprezamos as questões da afetividade, da alma, do mundo interior, daquilo que nos transcende.

Afastados e ignorantes de nós mesmos, incapazes do verdadeiro exercício do pensamento, meros viventes, no dizer de Lévinas (2004), ou seres indiferenciados, homens-massa de Ortega y Gasset, "tipo de homem apressadamente construído sobre algumas pobres abstrações" (Ortega y Gasset, *apud* Mattéi, 2001, p. 237).

Estimulados, atraídos e manipulados pela incessante oferta de consumo, por divertimentos, pseudocultura, drogas que prometem o paraíso, objetos que simbolizam poder e *status*, podemos dizer que os homens-massa de Ortega y Gasset vivem para fora, para o exterior. Um verdadeiro *acting out* coletivo caracteriza as atividades a que se entregam as pessoas em seus espaços de lazer. Como já dissemos em trabalho anterior (Damergian, 2001, p. 106), as metrópoles, principalmente, são pródigas em ofertas de "lazer" e "cultura", quase sempre do corpo, que ajudam as pessoas a "colocar tudo para fora", em pagodes, danceterias, forrós, *ravies*, academias, bailes *funks*, bares onde se bebe sem parar e "se joga conversa fora".

Há um esvaziamento cada vez maior da subjetividade, que nossa civilização continua reduzindo ao cognitivo, à racionalidade, à técnica, ao culto das leis de mercado.

Vivemos uma crise de subjetividade que é a própria crise de nossa humanidade. Ela se enraíza na vocação essencialmente materialista e tecnocrática de nossa civilização, na forma como sua racionalidade e tecnocracia estende seus tentáculos a todos os domínios da vida, incluindo a moralidade.

Ao nos afastarmos do mundo dos afetos, do nosso mundo interior, ao racionalizarmos e menosprezarmos o amor, a pulsão de vida, abrimos espaço para o aspecto negativo desse mundo interno. A destrutividade, a violência exacerbada, a ambição, o egoísmo, a inveja, o narcisismo, o que existe de pior no ser humano, liberados e estimulados pela vida social, levam o homem a buscar a satisfação de seus desejos em detrimento dos desejos e da vida dos semelhantes.

Freud (1921) já nos alertava para a importância do amor pelos outros, o amor pelos objetos como única barreira capaz de frear nosso narcisismo e atuar como fator civilizador, permitindo a transformação do egoísmo em altruísmo. Mas não aprendemos a lição. As condições de vida que criamos, ao nos afastarem de nossa subjetividade, nos afastam de nossa humanidade e, consequentemente, do outro.

Estamos sem freio, então. Falta-nos o amor: pelos outros, pelos objetos constituintes de nossa subjetividade, por nós mesmos. O amor narcísico por um ego engrandecido não é mais que amor por uma imagem distorcida de nós mesmos, pelo espelho de nosso autodesconhecimento. O amor verdadeiro é humilde, implica nos aceitarmos como somos, com nossos limites e imperfeições. Vermo-nos em movimento, em busca de crescimento, e não na estagnação mortífera da ilusória perfeição. Aceitarmo-nos com qualidades e defeitos. Amamos um ser que não somos, será que nos amamos?

Amar o próximo, o outro, é então muito mais difícil. A intolerância às diferenças que nos separam vai da indiferença à rejeição, da hostilidade à violência. As semelhanças, que estão na nossa humanidade, não mais nos aproximam.

Afinal, de que humanidade estamos falando? O panorama superficial que procuramos apresentar no início deste trabalho conduz-nos a uma perspectiva sombria. Há uma exacerbação da pulsão de morte, evidenciando o desequilíbrio entre Eros e Tânatos. Mas Freud acentua a importância do amor como um fator civilizador.

Perguntamos, então: que civilização nossa humanidade produziu?

Temos uma resposta que é fruto de nossas reflexões, de nosso trabalho de muitos anos com a área de psicologia das relações humanas, de uma tese de doutorado sobre a interação humana como objeto da psicologia social (Damergian, 1988).

Trabalhamos sempre dialogando com a psicanálise, principalmente com Freud e Melanie Klein, em busca da compreensão dos fundamentos do processo de construção da subjetividade. Fazendo a intersecção entre o psíquico e o social, na dinâmica identificação introjetiva/identificação projetiva. Rejeitando a fetichização do social, de estruturas consideradas vivas mas vazias de sujeitos desejantes, seguindo a interpretação de Enriquez (1990).

A filosofia, a história, a sociologia, a psicologia da Gestalt, entre outras disciplinas e ciências que convergem em pontos de intersecção e interlocução, também embasam nossas reflexões, além do diálogo privilegiado com a psicanálise.

Nosso campo de pesquisa, a vida, palco das interações humanas e de nossas relações com o mundo, é o terreno do qual nossa observação, incessante, atenta e participante, como humanos que somos, extrai a matéria de nossas reflexões e análises.

Essa matéria, pesada, angustiante, às vezes quase paralisante, nos tem conduzido a buscar as causas, a entender os caminhos que nossa civilização tem trilhado para chegar onde chegou: a um estado de barbárie, concomitante a um estágio de sofisticada evolução tecnológica e científica.

Barbárie civilizatória. É o estado civilizatório que nossa humanidade criou. Autores ilustres, como Freud, Mattéi, Adorno, Horkheimer, entre outros, já colocaram essa questão. Temos trabalhado com ela nos últimos anos. É a angústia que nos move em busca de compreensão e de respostas: por que tanta violência, tanta destruição, tanto sofrimento? Por que relações tão desumanas? Por que tão pouca fraternidade, tão pouco amor?

Em nosso doutorado (Damergian, 1988), apresentamos e discutimos a importância dos modelos saudáveis de identificação – que denominamos pontos fixos, modelos amorosos – nos relacionamentos humanos.

A discussão, pesquisa e reflexão constantes sobre o assunto, crucial para nossa vida, levou-nos a outra questão, intrínseca e vital ao mesmo: o problema ético. Money-Kyrle (1978), ao nos apontar para o amor e o autoconhecimento como fundamentos da ética, obriga-nos a pensar sobre a civilização da qual somos parte. De que maneira ela se mostra, como já dissemos, quando examinamos não suas realizações científicas e tecnológicas, mas sim seu desenvolvimento como humanidade, sua evolução ética, espiritual, afetiva. Ao fazê-lo, somos obrigados a nos despir de nossa arrogância narcísica e assumir o quanto de barbárie caracteriza nosso atual "progresso civilizatório".

Procuramos entender, caracterizar o que chamamos de barbárie civilizatória. Buscamos saídas, mudanças nesse predomínio tanatístico que a caracteriza. Não temos soluções, temos reflexões, caminhos que viemos trabalhando, com reticências... abertos, em busca de verdades e não de certezas cegas. Na verdade, este é um trabalho de reflexões... com reticências... mas não reticente, porque é resultado de nossa experiência de vida.

O que sabemos, o que está claro e certo é quão obscuro e desconhecido é nosso interior. Nossa certeza é a dúvida sobre quem somos. Isso aprendemos com Freud (1926).

Se não conseguirmos ver as coisas claramente, pelo menos veremos claramente quais são as obscuridades.

Tentemos, então, ver claramente as obscuridades. Elas estão em nós. E nos conduzem novamente a Kaváfis

Porque é já noite, os bárbaros não vêm
e gente recém-chegada das fronteiras
diz que não há mais bárbaros.

Sem bárbaros, o que será de nós?
Ah! eles eram uma solução.

Repetimos apenas o final do poema pela síntese que representa. Entretanto, ele todo é muito simbólico. Quem são os bárbaros, onde eles estão, por que cortejá-los e se curvar a eles?

Não há mais bárbaros além das fronteiras, eles não chegam, e ai de nós! O que faremos sem eles? Eram a solução para nosso narcisismo arrogante de pseudocivilizados. Não há mais bárbaros além das fronteiras, eles estão dentro de nós!...

CAPÍTULO I

OS CAMINHOS PERDIDOS DA TRANSCENDÊNCIA E A BARBÁRIE CIVILIZATÓRIA

- o vazio interior e a subjetividade narcísica
- a crise do pensamento
- a arte vazia
- a educação
- a religiosidade

"Como surgiu essa raça de lobos no meio de nosso povo? É a nossa raiz? É do nosso sangue?"

Alexander Soljenitsin
O arquipélago Gulag

Dialogando inicialmente com o trabalho de Mattéi (2001), queremos discutir as relações entre os caminhos perdidos da transcendência e a barbárie que caracteriza nossa civilização. E manter viva a esperança de retomá-los, tendo a consciência dos obstáculos a superar em busca de um humanismo renovado.

Sabemos de nossas dificuldades e limitações.

Nossa pretensão, diante do trabalho do filósofo Jean-François Mattéi, é retomar algumas das questões por ele brilhantemente analisadas sobre a barbárie interior. Questões estas que nos têm acompanhado por longos anos em nossas reflexões, discussões, aulas, nossos escritos, enfim, em tudo o que diz respeito à nossa vida e trajetória acadêmica.

São questões que nos angustiam, nos incomodam, porque se passam em nós, sujeitos, ao redor de nós, seres sociais, entre nós, no âmbito das relações humanas, da psicologia social, portanto.

A fundamentação psicanalítica, as contribuições dos inúmeros autores que nos são caros, estruturam nossa forma de sentir, olhar e pensar essas questões.

Barbárie e civilização constituem as duas faces de uma mesma moeda: o estado de evolução do ser humano. Diz Mattéi ser a barbárie o lado negativo da civilização. Em termos antropológicos, Bem e Mal, civilização e barbárie, estão articulados em um mesmo ser (2001, p. 12).

Citando Horkheimer e Adorno, Mattéi afirma que "eles iluminaram a condição maior da barbárie de nosso tempo que consiste na retirada do sujeito para sua interioridade". O problema central que o autor nos aponta logo de início é que essa é uma interioridade vazia, privada de luz exterior, a luz de Deus, dos outros homens, do mundo, como ele diz (2001, p. 12).

O que seria essa interioridade, "que se submete aos reflexos invertidos do humano e do bárbaro, não podendo nenhum dos dois se afastar do inferno de seu enclausuramento"?... (Mattéi, 2001, p. 12). Ela é vazia, já sabemos, sem laços com o exterior, com Deus –

a transcendência –, os outros homens, o mundo. É Interioridade de um sujeito sem investimentos afetivos, um deserto estéril.

Do ponto de vista psicanalítico, estamos falando do sujeito narcísico retirado para sua interioridade, onde reina absoluto. Sem Deus, sem o mundo, sem o outro, seu inferno não são os outros, como diria Sartre, mas ele mesmo, ao se autocondenar à solidão.

É um mundo interno de solidão, que esse narcisismo do ego – de que fala Freud (1914) –, conseguido às custas do desinvestimento do objeto, da retração da libido sobre o sujeito, produz.

Um mundo oco, vazio de objetos, vazio de diálogos, de relações, de afetos. É para esse mundo, essa interioridade, que se retira o sujeito, para dialogar com seu espelho mágico, com sua imagem grandiosa. Não para se conhecer, procurar iluminar suas obscuridades, suas limitações, crescer.

Mattéi não exagera ao comentar que a afirmação de Horkheimer, sobre a existência de uma "subjetivação que exalta o sujeito" (Horkheimer, *apud* Mattéi, 2001, p. 13), significa ser essa exaltação uma condenação do homem à sua própria morte e, por consequência, da civilização.

Se o narcisismo, o egoísmo, o desinteresse pelo outro, a inexistência de fraternidade já estão exacerbados na personalidade do sujeito contemporâneo, exaltá-lo é realmente condenar o homem e a civilização que o produziu ao seu fim. O vazio desse sujeito afasta-o da possibilidade de autoconsciência, mergulhando-o cada vez mais na escuridão de seu autodesconhecimento. Fazendo de seu interior o *habitat* perfeito para o crescimento de seus impulsos destrutivos, de sua pulsão de morte.

Estamos no reino da barbárie. Diz Mattéi (2001):

> Se entendermos por "barbárie", como fazem os autores mais importantes que trataram da questão, de Goethe e Schiller a Adorno ou Castoriadis, o colapso do humano e sua regressão a uma violência despida de significado, é no interior do homem que precisamos detectar a sua tendência a cair na barbárie (p. 13).

Não há dúvida alguma de que é no interior do homem onde precisamos detectar as tendências que levam a cair na barbárie. É nesse interior, vazio de bons objetos, de referências a tudo o que transcende o humano, que a pulsão de morte trava seu combate triunfante com a combalida pulsão de vida.

A facilidade com que o "ser humano" elimina seu próximo, não se contentando apenas em tirar sua vida, mas fazendo-o da forma mais perversa possível: queimando-o, esquartejando-o, humilhando seus despojos – "a banalização do mal", de que nos fala Hannah Arendt –, torna evidente o colapso do humano. A violência pela violência, a violência despida de significado.

O que, senão Tânatos, que tudo separa, tudo desagrega, tudo destrói, pode explicar que ambições e interesses econômicos se sobreponham à luta pelo que resta de vida a salvar no planeta Terra?

Os Estados Unidos da América do Norte, um país apenas, são responsáveis por um quarto da emissão de poluentes que provocam o aquecimento do planeta. Seu presidente, George W. Bush, se opõe à redução dos gases mortíferos. A Casa Branca, a seu comando, tentou desqualificar o relatório de cientistas da ONU a respeito do problema. Um grupo de *lobby* ligado à administração Bush pagou a cientistas e economistas para que minimizassem o impacto do texto (*Folha de S. Paulo*, 2007).

Dissemos, no início deste trabalho, do risco de, por descuido ou desvario, alguém apertar o botão da destruição final. Infelizmente, ele está sendo apertado a cada dia. Dentro de nós. Principalmente por aqueles que deveriam ser nossos modelos saudáveis de identificação. Ou nossos pais e mães sociais. Discutiremos essa questão mais adiante. Aqui queremos apenas ilustrar o que consideramos mais uma das fontes de onde jorra a barbárie contemporânea: a crise, a falta de modelos identificatórios saudáveis, construtivos, fundamentalmente amorosos.

Como náufragos, buscamos a mão forte e amorosa que deveria nos guiar para a terra firme. Mas quase sempre ela nos conduz para o pântano da miséria, da dor, da morte. Nossos pais e mães sociais, líderes mundiais, governantes, chefes, líderes em todos os níveis, detentores de algum poder, em sua grande maioria, mostram-se egocentrados, ambiciosos, narcísicos. Recolhidos em seus "pequeno-grandiosos egos", são incapazes de nos acolher como outros, humanos, portadores de necessidades e desejos.

Falta-lhes amor, "os outros, Deus, a luz do mundo" (Mattéi, 2001), vínculos, fraternidade. Não enxergam o mundo fora de si porque ele se apresenta como uma extensão de si, de seus desejos, sem limites, sem oposições, sem outros.

Enriquez (1994) também se pergunta se a interioridade está acabando. Diz ele que

> o sentimento que uma pessoa experimenta de ter uma vida interior, íntima, onde ninguém tem o direito de penetrar, a não ser por arrombamento, o sentimento de possuir um dentro que carrega sofrimento, alegria, questionamento, interrogações e que para ela é uma terra estrangeira, nem sempre existe (p. 41).

Foi durante os séculos III e IV, diz ele, que a vida interior teve direito à existência – "quando o homem começou a tecer relações especiais com o divino e, por isso, teve de viver uma experiência de si e não apenas uma 'preocupação consigo'" (Foucault, 1984, *apud* Enriquez, 1994, p. 41).

Para Enriquez, a centralização em uma interioridade que favorece também a exteriorização parece estar se tornando objeto de dupla investida: dos empresários, por um lado, e dos fanáticos religiosos, por outro. Essa constatação o leva à seguinte proposição: "A renovação do individualismo tem por fim suprimir o sujeito e a vida interior" (Enriquez, 1994, p. 42).

Temos, então, por uma outra vertente, a retomada da questão proposta por Horkheimer e Adorno (*apud* Mattéi, 2001, p. 12) sobre a retirada do sujeito para sua interioridade. Já vimos que esses autores consideram essa retirada como uma condição maior da barbárie contemporânea, uma vez que o sujeito, exaltado em seu narcisismo, se retira para um interior vazio, cortados que estão os vínculos com o mundo exterior, na argumentação de Mattéi.

Enriquez confronta o indivíduo com a cultura de empresa ou de organização, mostrando-nos a forma pela qual ela vampiriza o sujeito. Propondo aos que dela fazem parte seus valores, seu processo de socialização, seu sistema simbólico – que atribui um sentido prévio a cada um dos indivíduos –, a cultura de empresa ou de organização, na análise de Enriquez, tece os fios que aprisionam os indivíduos em sua teia mortífera.

Podemos observar em nosso cotidiano a extensão das afirmações de Enriquez. Empresa ou organização inserem o sujeito em uma cultura que o desumaniza. Colocando-o no altar do individualismo, esvazia sua subjetividade, sabotando os vínculos afetivos com sua família, seus amigos, valores, cultura, lazer, dessignificando o que é carregado de significado.

Enriquez (1994) enfatiza que

> se o indivíduo se identifica com a organização, se só pensa através dela, se a idealiza a ponto de sacrificar sua vida privada às metas que ela persegue, sejam quais forem, ele entrará, então, sem o saber (e de consciência tranquila) em um sistema totalitário que se tornou para ele o Sagrado transcendente legitimador de sua existência (p. 43).

Enriquez diz ainda que a empresa (ou qualquer organização) quer ser a religião do indivíduo, encarnar a "instituição divina".

Com isso, "o sentimento de transcendência é dado ao indivíduo por esse sagrado laicizado, que lhe oferece um projeto a realizar, um ideal a atingir, uma causa para defender".

Talvez possamos dizer que não apenas a empresa/organização se transforma em religião do indivíduo, como também em seu ideal de ego. Nos dias de hoje esse ideal de ego divino se chama mercado, religião das grandes corporações que dominam e exploram os habitantes do mundo contemporâneo.

Essa idealização das empresas, entretanto, pode não ser suficiente, diz Enriquez, para suprir o que ele chama de déficit de identificações que caracteriza nosso sistema social e o mal-estar que dele deriva. É então que o fanatismo religioso desempenha o seu papel através do recrudescimento de antigas religiões sob os seus aspectos mais extremos. Enriquez aponta para o Islã, renovado e triunfante em sua versão xiita; o papel desempenhado pelo Opus Dei na Itália e na Espanha; o papel dos partidos religiosos em Israel, entre outros. Mas não é a sublimação que é buscada, diz ele, e sim a idealização que é exigida.

Sejam quais forem a crença e o nome de seus oficiantes ou deuses encarnados, o que é significado é a proibição de pensar livremente. Enriquez aponta para um problema que consideramos crucial quando pensamos na barbárie civilizatória: o lado excessivo das religiões – as seitas – e sua absoluta despreocupação com a vida interior dos sujeitos que a elas se submetem.

As seitas, no dizer de Enriquez, têm por objetivo invadir e destruir a psique de seus adeptos e, quando não, submetê-la a ídolos que não podem ser contestados. A meta é a "homogeneização do interior", e o pensamento e a palavra criadora são banidos pelo fanatismo.

Voltaremos a discutir essa questão mais adiante, mas, em nosso entender, esse esvaziamento da interioridade, sua destruição mesma, substituindo objetos internos, relações afetivas por falsos ídolos, sejam deuses mercadológicos e grifes corporativas ou falsos profetas – ao lado da ausência de pensamento –, caracteriza o que podemos chamar de "barbárie *soft*".

Barbárie *soft* pode ser um estado no qual o indivíduo permanece durante toda sua vida, como um estado inicial, preparatório, digamos, à "barbárie *hard*".

Voltemos a Mattéi (2001), a fim de que ele nos mostre a distinção entre o que chama efeitos de barbárie e os efeitos de civilização. Diz ele

> O efeito de barbárie caracteriza toda forma de esterilidade humana e de perda do sentido no campo da cultura, quer se trate de ética, de política, de arte, quer de educação. Para que haja barbárie é preciso haver já uma civilização anterior que o bárbaro, como Alarico e seus visigodos quando do saque de Roma, vai abater, pilhar e destruir. Se o selvagem não teve tempo de criar obras duráveis de civilização sobre si mesmo, o bárbaro procura arruinar esse mundo estrangeiro que o provoca e fascina, mas que ao mesmo tempo lhe devolve o reflexo de sua impotência a encontrar-lhe o sentido (p. 13).

Até onde a linha do tempo descrita pela História nos permite olhar, hordas e hordas de bárbaros têm se sucedido na história da humanidade até os dias de hoje, abatendo, pilhando, destruindo.

Sejam obras duráveis da civilização que o bárbaro não consegue construir, seja o bem maior, a vida, que o homem não é capaz de criar.

Circunscrevendo-nos no âmbito da barbárie moderna, do homem civilizado e de suas guerras, invasões, seus confrontos étnicos, religiosos etc., do número incalculável de vidas perdidas e de obras duráveis de civilização destruídas em função dessa barbárie, não há como não nos horrorizarmos com o poder de Tânatos, que carregamos dentro de nós.

E fica a pergunta: qual o sentido da "estética da destruição" nazista? Ela nos aparece quando a memória nos traz de volta uma cena emblemática do filme *O massacre em Roma*. Nela, um alto oficial nazista ouve embevecido a ária "Una furtiva lacrima", de Donizetti, ao mesmo tempo em que acompanha os gritos de dor de um *partisan* que é torturado com todos os requintes de barbárie.

Ao mesmo tempo em que pilhavam as obras de arte das cidades europeias invadidas, remetendo-as para a Alemanha, para o deleite do Führer e do alto comando das SS, as tropas nazistas matavam impiedosamente e destruíam o que não podiam levar.

Mais próxima de nós, a cena que a memória atualiza se passa no Afeganistão. E ela mostra a destruição com explosivos da maior estátua de Buda do mundo. Seus autores são os guerrilheiros do Talibã, estimulados em sua fúria por seu fanatismo religioso, obscurantista, persecutório e implacável. Vidas humanas, obras de arte e história foram sacrificadas no altar de sua religião.

Do mesmo modo, no altar da religião, poder, interesses econômicos, dominação, indústria bélica, milhares de vidas humanas, história, arte milenar ainda são destruídos com a invasão e ocupação do

Iraque pelos Estados Unidos. O Museu Nacional do Iraque, pilhado em seus tesouros artísticos milenares (com peças já encomendadas por colecionadores americanos); tanques de guerra americanos "aterrando" paredes de edifícios da antiga Babilônia – e o principal: as vidas eliminadas.

"Bombardeios cirúrgicos" contra "alvos estratégicos" que matam cirurgicamente crianças, idosos, mulheres, e arrasam aldeias inteiras. As guerras contemporâneas são mais fáceis: mata-se a distância, não há rostos, nada com que se incomodar. Nada que a memória da culpa e do arrependimento possa arquivar.

Trouxemos, entre centenas de outros, apenas esses exemplos pontuais para ilustrar o que Mattéi chama de efeitos de barbárie. A esterilidade humana que caracteriza a barbárie, a perda do sentido, a violência pela violência, a destruição, a separação. Em vez da criação, da vinculação, da harmonia.

Tão ou mais desumana e estéril é a barbárie "intramuros" que se passa ao nosso redor, no cotidiano das cidades em que vivemos. Nela, não há invasores estrangeiros, mísseis teleguiados, não fomos avisados de que a guerra já começou, ela não tem trincheiras nem fronteiras porque os bárbaros estão entre nós.

No Brasil de hoje, o espanto, a indignação, a revolta, o horror e a impotência fazem parte de nosso cotidiano como uma reação à sucessão de calamidades éticas e humanas que nos assolam. Não bastassem a corrupção endêmica e desenfreada que rouba vidas, sonhos, esperanças; a impunidade, que gratifica os mais variados tipos de infração à lei, à ética, aos costumes; a negligência; a indiferença; o sofrimento; as promessas não cumpridas pelos sucessivos governantes; o lucro acintoso dos banqueiros; e o empobrecimento da população, agora a violência e o crime organizado alastram-se como uma praga pelo país.

Atualmente, no nosso país, mata-se por pouco, por muito e por nada. O inimigo a ser eliminado, apagado (está virando moda queimar, esquartejar), é qualquer um de nós que se interponha entre um outro e o seu desejo, seja ele qual for. A posse de algo que nos pertença, subjugar, humilhar, violentar, ou, "simplesmente, se divertir". O que importa é não ser frustrado. É o bárbaro brincando de proprietário das vidas alheias.

Diante de tanta violência, tanta destrutividade, desconsideração à vida, atentados contra o próximo que não poupam nem mesmo crianças, idosos, pessoas indefesas, não sabemos mais até onde os "bárbaros" de nossa civilização são capazes de ir. Sabemos, sim, que não basta a indignação, a denúncia. É preciso agir, buscando as causas, os caminhos para a mudança, em um trabalho árduo e demorado, que passa pela nossa própria transformação interior, construindo modelos saudáveis de identificação, alavancas, "pontos fixos", a estimular e fortalecer os impulsos amorosos quase inexistentes, adormecidos, entorpecidos ou esquecidos dentro de nós.

Voltando a Mattéi (2001), ele afirma que

> Quando Sócrates procura aproximar-se daquilo que constitui, para cada um de nós, o cuidado da alma, ele ensina que só a dialética consegue tirar a alma de seu "bárbaro lamaçal" para fazê-la ascender **fora dela mesma**, ao que está "no alto": a luz do Bem (Platão, *A República*, *apud* Mattéi, 2001, p. 20). A alma bárbara, que

dormita no fundo de nós, se trai por esse peso ontológico que a puxa para baixo, apesar dos esforços da educação e a faz comprazer-se no lamaçal dos instintos (p. 20).

São várias as questões a que as considerações de Sócrates, discutidas por Mattéi, nos conduzem. Antes de tudo, como tirar a alma de seu "bárbaro lamaçal", se a modernidade se caracteriza por um "eu" aprisionado em sua interioridade vazia, na qual "dialoga" apenas com seu ego grandioso, fechado em seu individualismo? Em vez de sair, mais e mais a alma se retrai, como dizem Mattéi e tantos outros pensadores, em um movimento de separação do mundo e de Deus. Assim, no lugar de tirar a alma de seu "bárbaro lamaçal", no dizer de Sócrates, cada vez mais ela nele se afunda, interiorizando a barbárie no fundo do eu que a encerra. Não mais a razão ou a civilização estabelecerão as fronteiras para a barbárie, ela passa a ser propriedade do eu que a carrega.

Como pensar na dialética como instrumento para retirar a alma de seu "bárbaro lamaçal", como meio de ascensão ao que está fora dela mesma, à luz do Bem, que está no alto? Como, se a dialética envolve o pensamento, o reconhecimento da interioridade e da exterioridade, a existência de um alter, um outro, como interlocutor? Em tempos de individualismo, de narcisismo e egoísmo exacerbados, este outro não é um sujeito com quem o ego interage, discute, dialoga, respeita como semelhante e escuta. Ele é, na maior parte das vezes, apenas um objeto utilizado para a satisfação de desejos pessoais, sejam eles quais forem. Aliás, uma característica de nossa civilização é a ausência de diálogos entre as pessoas. Há um discurso massificado, ausente de ideias, reflexões, troca de experiências, sentimentos. Quando os egos narcísicos estão reunidos, é dolorosa a experiência da inexistência de reciprocidade, de escuta. As "conversas" são ruídos, sons altos, em que ninguém escuta ninguém. É essa a "dialética" dos bárbaros: um solilóquio exibicionista.

A dialética também não pode exercer o seu papel de libertar a alma do "bárbaro lamaçal" em que vive aprisionada sem o exercício do pensamento.

Diz Lévinas (2005)

> Um ser particular só pode ser tomado por uma totalidade se carece de pensamento. Não que ele se engane ou pense mal ou loucamente – ele não pensa. Nós constatamos, sem dúvida, a liberdade ou a violência dos indivíduos. A nós, seres pensantes, que conhecemos a totalidade, que situamos em relação a ela todo ser particular e que buscamos sentido para a espontaneidade da violência, esta liberdade parece atestar o fato de indivíduos confundirem sua particularidade com a totalidade. Nos indivíduos, essa confusão não é pensamento, mas vida. O que vive na totalidade existe como totalidade, como se ele ocupasse o centro do ser e fosse sua fonte, como se tirasse tudo do aqui e do agora, onde, contudo, ele está posto ou criado (p. 34).

O pensamento filosófico de Lévinas, seus questionamentos sobre a ética, a existência do ser na vida social, trazem elementos preciosos para a discussão que temos feito. Ele deixa clara a importância do pensamento para a definição do ser, uma vez que coloca os seres humanos em duas categorias: pensantes e viventes. Os seres pensantes, segundo Lévinas, conhecem a totalidade mas não se confundem com ela, pois são conscientes de sua particularidade. Portanto, não se diluem na massa, não fazem parte do contingente de "homens-massa" de que fala Ortega y Gasset. Interioridade e exterioridade opõem-se, uma vez que estão claramente demarcadas para os seres pensantes, indicando uma vida interior, segundo podemos concluir, preenchida não apenas por pensamentos, ideias sobre o mundo, a vida, Deus, mas também por sentimentos, afetos, objetos internos. Ou seja, quando Lévinas fala de seres pensantes, fica-nos claro de que se trata de uma outra categoria de seres humanos, diferentes dos que discorre Mattéi. Os seres pensantes não são marcados por um interior vazio, habitado por um ego grandioso, que "dialoga" apenas com sua imagem grandiosa.

Assim, Lévinas nos conduz ao ser pensante, em tudo oposto ao bárbaro que se aliena do mundo e se refugia em sua caverna interior. E quando dela emerge, esse bárbaro quase sempre se dirige ao mundo para dele usufruir, para destruir, desfrutar os prazeres que dele pode obter, até porque o vivencia como uma extensão de si mesmo. Falta-lhe, além do amor, o pensamento.

As diferenças entre os seres pensantes e o bárbaro, que se encaixa, segundo nós, na categoria dos viventes, evidenciam-se cada vez mais. Lévinas (2005) diz que

> o pensamento começa precisamente quando a consciência se torna consciência de sua particularidade, ou seja, quando concebe a exterioridade para além de sua natureza de vivente, que o contém; quando ela se torna

consciência de si ao mesmo tempo que consciência da exterioridade que ultrapassa sua natureza; quando ela se torna metafísica. O pensamento estabelece uma relação com uma exterioridade não assumida. Como pensante, o homem é aquele para quem o mundo exterior existe. Em consequência, sua vida dita biológica, sua vida estritamente interior, ilumina-se de pensamento. O objeto da necessidade doravante objeto exterior, ultrapassa a utilidade (p. 36).

Temos aqui não apenas uma consciência que pensa como também uma consciência que pensa a si mesma, inaugurando o pensamento no conhecimento de sua particularidade, da existência de uma exterioridade que não é ela mesma, não se confunde com ela (portanto, não há fusão, indiferenciação), que é de uma outra natureza, que não a sua e que vai além dela. Fundamentalmente, Lévinas traz luz ao nosso trabalho. Ele aponta com clareza a importância crucial do pensamento em nossa vida: o pensamento vai além de nos permitir distinguir entre mundo interior e exterior; entendendo que este existe fora de nós, nossa vida biológica, nossa vida interior iluminam-se de pensamento. Ou seja, a vida biológica deixa de ser apenas instinto cego, necessidade ou desejo que busca o objeto a qualquer preço, e passa para ser luz que freia e domina a cegueira do instinto. Podemos imaginar quanta barbárie poderia ser evitada com a luz do pensamento.

É por isso que, no dizer de Lévinas, o objeto da necessidade, agora entendido como objeto exterior, ultrapassa a utilidade. Ora, se o objeto da necessidade ultrapassa a utilidade é porque ele se apresenta não apenas como um instrumento de satisfação do ser que o procura, em uma relação automática e desprovida de significado. Como estamos no plano da necessidade, e não no do desejo, podemos pensar na questão da fome e da sede. O alimento e a água não são apenas coisas, elementos úteis para saciar nossa necessidade de alimento e água. Carregados de simbolismo, representam o afeto e a vida que a natureza, enquanto criação divina, oferece-nos, sustentando nossa existência. Os que não pensam não apenas não reconhecem o sentido, mas, como filhos ingratos e matricidas, destroem a mãe-Terra: seus frutos, a vida, o abrigo que ela, como mãe generosa, oferece a seus filhos.

Lévinas diz que pode haver um choque entre o sistema interior do instinto e a exterioridade, que se apresenta como um obstáculo que não é assimilável, levando o sistema à morte uma vez que a consciência biológica é cega para a exterioridade, que não possui significação para o instinto. Como resultado dessa cegueira, é a morte e não um saber a consequência da relação do instinto com a exterioridade.

Lévinas explica que: "Pela morte, o ser vivente entra na exterioridade, porém não pensa mais nada. Pensante, o ser que se situa na totalidade não é absorvido nela. Ele existe em relação a uma totalidade, mas permanece aqui, separado da totalidade, eu" (Lévinas, 2005, p. 37).

É o pensamento, então, o caminho para impedir a morte e a absorção pela totalidade. Para o ser vivente, não há salvação: a entrada na exterioridade não é mais que um *continuum* entre o eu e o exterior, sem separação, sem limites, o que nos leva a pensar nos estágios iniciais do desenvolvimento humano quando o bebê, ainda totalmente imaturo e indefeso, vive estágios de fusão com a mãe (que é o "exterior"), o sentimento oceânico de que fala Freud, a indiferenciação entre mundo interior e mundo exterior. E é inevitável pensar em quais são as vicissitudes pelas quais passaram e passam os seres viventes no processo de construção de sua subjetividade. Como se deu o interjogo entre o psíquico e o social, quem foi o vencedor na guerra das pulsões? Qual o peso das especificidades individuais no contato com a vida social? Em que ponto se situa a falha no processo de construção dessas subjetividades: na mãe biológica, na mãe-sociedade, no sujeito, ou, na verdade, **entre** todos esses atores ao desempenharem seus papéis?

O ser pensante, ao contrário, apresenta um outro tipo de relação entre seu eu e a totalidade. Ele se coloca na totalidade como parte dela, mas, ao nosso tempo, permanece fora dela. Ou seja, no dizer de Lévinas, o ser pensante define-se e situa-se em relação às outras partes, compromete-se com elas, mas sua identidade é caracteristicamente definida pelo que a distingue delas. Na dupla relação que estabelece com a totalidade, entretanto, o ser pensante permanece fora dela pois sua identidade não é derivada, como diz o autor, pelo seu lugar no todo, ela não coincide com o conceito de totalidade, não é definida por ele. O que define a identidade do ser pensante é o "si" – o fato de ser um eu que não se confunde e não se deixa absorver pela exterioridade, não se dilui na totalidade.

Diz Lévinas (2005)

> A totalidade em que se situa um ser pensante não é uma adição pura e simples de seres, mas a adição de seres que não fazem número uns com os outros. É toda a originalidade da sociedade. A simultaneidade da participação e da não participação é precisamente uma existência que

evolui entre culpabilidade e inocência, entre o domínio sobre os outros, a traição a si e o retorno a si (p. 38).

Trata-se, então, da inscrição do ser pensante em uma totalidade que não se constitui como uma somatória de vários seres, mas sim como uma adição em que um **mais** um não significa dois, e sim um **e** um, ou seja, a singularidade de cada ser humano que não se perde na massa. A afirmação de Lévinas, destacando a questão da originalidade da sociedade aí contida, nos conduz a um aspecto fundamental a ser considerado nas discussões sobre a "barbárie civilizatória" da sociedade contemporânea: o problema da responsabilidade. Ser verdadeiramente humano é ser responsável: para com os outros seres humanos, para consigo mesmo, para com o planeta em que se habita. Lévinas aponta-nos para a importância do rosto, que marca a presença do outro, reconhecido como um rosto, um outro, uma liberdade, externa à minha e limite da minha ação. Aqui entramos no campo da ética. A simultaneidade da participação e da não participação, da existência que evolui entre a culpabilidade e a inocência, no dizer de Lévinas, entre dominar os outros, trair-se e retornar a si mesmo são características dos seres pensantes, daqueles que são capazes de estabelecer uma relação intersubjetiva, entre o eu e o outro, entre o sujeito e o sujeito, "entre nós", espaço onde se descobre o "sujeito ético".

E é no espaço do "entre nós" que a existência humana pode evoluir entre a culpabilidade e a inocência, em que o sujeito pode trair a si mesmo, traindo o outro, dominando, coisificando-o, reificando, degradando, destruindo. E é também no espaço do entre nós que o ser humano, pensante, participa e não participa ao mesmo tempo dessa vivência com o outro e do mundo como fora de si e diferente de si, mantendo a separação na participação. Para Lévinas, essa relação marca o *a priori* e o advento de um pensamento, pois os laços entre as partes são constituídos apenas porque há liberdade entre elas. A sociedade que daí se instaura, no dizer do autor, é uma sociedade de seres que falam, que se defrontam.

Fica a pergunta: será que vivemos em uma sociedade de seres que se falam, que se defrontam, no sentido de nos colocarmos uns diante dos outros, reconhecermos o rosto do outro como tal e como semelhante, sua liberdade como exterior e, portanto, limite da nossa, da minha liberdade? Mergulhados que estamos na indiferenciação, no culto ao individualismo narcísico, na barbárie de uma violência sem sentido, onde não há rostos, nem outros, nem vidas a serem respeitadas, como acontece no Brasil e no mundo, defrontar-se significa apenas confronto, hostilidade, instrumentalização da relação na busca de prazeres os mais obscuros e sádicos que carregamos dentro de nós.

Ao dizer que o primeiro pensamento se inicia com o ato de pensar uma liberdade exterior à minha, Lévinas coloca-nos novamente diante da importância do rosto, que é manifestado pelo mundo da percepção, uma vez que as coisas do mundo nos afetam como possuídas por outrem, segundo ele. A independência das coisas, como coisas, no seu entender, está primeiramente no fato de não me pertencerem e depois porque elas vêm dos homens com os quais estou em relação. Em consequência, a relação do eu com a totalidade, diz Lévinas, é uma relação que tem a particularidade de se estabelecer com seres humanos de quem conheço o rosto. A culpa e a inocência são intrínsecas à relação do eu com os outros, o que faz da consciência moral a condição do pensamento.

Assim, o pensar que dá sentido à ação, que a conduz na direção do bem, tendo como condição a consciência moral, só é possível quando o eu não está retirado do mundo, aprisionado em sua interioridade. Retomando Mattéi, ele discute a condição para que a barbárie se levante: o momento em que o eu apaga a luz do mundo, Deus, a exterioridade, os outros homens – a "ideia" ou o "semblante" (o rosto). Para Mattéi: "A barbárie é ao mesmo tempo a deserção de si e a regressão do eu", que não esgota todo o campo do si. "O eu da reflexão", diz ele, "reflete seu próprio raio, iluminando apenas a si mesmo, não esgota a humanidade do pensamento, tal como ela se revela na abertura de uma **outra** luz. Só essa luz pode dar sentido à ação começada e orientá-la na direção do bem" (Mattéi, 2001, p. 61).

Mattéi concorda com Adorno e Horkheimer quanto à origem da regressão do eu. Ela não está fora do homem, e sim no que chamam de substituto da razão, ou seja, o entendimento fechado sobre o "eu", que se transforma em instrumento dos instintos. Mattéi prefere falar, com Vico, em uma "barbárie da reflexão", a qual, segundo ele, "não se aliena imediatamente por meio da exterioridade da destruição; ela sabe levar tempo e amadurecer seu gosto secreto pelo nada" (Mattéi, 2001, p. 63).

Talvez pudéssemos falar que essa "barbárie da reflexão" a que se refere Mattéi diz respeito a uma reflexão narcísica, o "eu" girando em torno de si mesmo, adornado por uma reflexão que ilumina um si mesmo esvaziado e empobrecido pela ausência da luz do "outro", da intersubjetividade que se constrói no mundo, na exterioridade, "entre nós". Essa razão alienada, que "reflete" sobre o nada, incapaz de dar sentido à ação e orientá-la na direção do bem, só pode ser aprisionada, como é, pelos instintos, enterrar-se em seu lodaçal, no exercício da violência. No lugar do pensamento que interdita e suspende o ato carente de sentido, há o *acting out*, a atuação instintiva e automática de que trata a psicanálise, quase sempre a mão de Tânatos espalhando o medo, a violência, o terror, a morte.

Hannah Arendt (1998) considera que, entre as consequências espirituais das descobertas da modernidade, talvez a mais grave dentre elas seja a inversão da ordem hierárquica entre a *vita contemplativa* e a *vita activa*. Não é, diz Arendt, que a inversão tenha consistido em colocar a ação no lugar que a contemplação outrora ocupara. O grande problema da inversão ocorrida na Era Moderna é que ela incidiu somente sobre a atividade de pensar. A partir da modernidade o pensamento passou a ser a serva da ação. Entretanto, acentua Arendt, a percepção do radicalismo dessa inversão foi superada por uma outra, que vem, desde Platão, dominando a história do pensamento ocidental e com a qual é quase sempre identificada.

Para Hannah Arendt, a leitura da alegoria da caverna em *A República*, de Platão, iluminada pela história grega, leva-nos a perceber que a periagoge, a "viravolta" que Platão exige do filósofo, significa, na verdade, uma inversão, da ordem do mundo homérico. Diz Arendt (1998), completando seu pensamento

> Não é a vida após a morte, como no Hades homérico, mas a vida comum na Terra que é situada numa "caverna", num submundo; a alma não é a sombra do corpo, mas o corpo é que é a sombra da alma; e o movimento fantasmal e sem sentido atribuído por Homero à existência inerte da alma no Hades após a morte é agora comparada às ações sem sentido de homens que não

deixam a caverna da existência humana para contemplar as ideias eternas visíveis no céu (p. 305).

Se a alegoria de Platão nos convida a sair da "caverna", da escuridão das imagens especulares que não são ideias nem pensamentos, a modernidade conduziu-nos de volta a ela, e a sociedade contemporânea mantém-nos prisioneiros em nós mesmos, a contemplar, inertes, nossa própria sombra, ocupada na repetição das ações sem sentido.

A ação, ao subjugar o pensamento, cortou-nos as asas da transcendência, aprisionando-nos nessa caverna da existência humana que é a interioridade vazia onde reina erraticamente o eu narcísico. O submundo onde jaz a nossa alma e a vida comum na Terra, como no Hades homérico, é a caverna, o reino do concreto, da matéria, das sensações, do ato, dos instintos. É nesse Hades que está aprisionada nossa alma: sem pensamento, sem amor, sem humanidade.

Segundo Hannah Arendt, as atividades de fazer e fabricar, que são as atividades do *homo faber*, são guiadas na Era Moderna pelos processos, os modelos e as formas das coisas a serem criadas. Assim, o que importa não é mais o pensamento, as ideias, e sim os processos. A dúvida, a indagação, o porquê, o quê são substituídos pelo como; o pensamento, pelo processo. Vivemos em um mundo de coisas, objetos, artefatos, que adquirem uma tal importância a ponto de habitarem o mundo no lugar dos humanos, ocupando espaços antes a eles destinados.

A inversão ocorrida na modernidade, de que trata Hannah Arendt, foi mais longe no propósito de aprisionar o homem na "caverna obscura" dos sentidos, sensações, pulsões destrutivas. O pensamento, diz a autora, ao se transformar em "mera previsão de consequências", passou a ser função do cérebro. O que é pior é que se descobriu que os instrumentos eletrônicos exercem essa função muito melhor que nós. Assim, o pensamento, a mais elevada atividade do espírito humano, é rebaixado pela modernidade a uma simples função do cérebro, que este executa com menor eficiência que os instrumentos eletrônicos.

A ação, por sua vez, foi despojada de seu sentido. Para Arendt, apesar de a ação continuar a ser concebida em termos de fazer e fabricar, o fazer passa a ser visto como apenas uma outra forma de labor, mais complicada, mas sem maiores mistérios em termos do processo vital. Arendt considera "labor" uma palavra muito elevada e ambiciosa para o que fazemos neste mundo em que passamos a viver. O motivo dessa afirmação é o automatismo requerido pelo que ela chama de sociedade de detentores de empregos, último estágio de uma sociedade de operários, em relação ao funcionamento de seus membros. O trabalho repetitivo, automático, alienado e alienante entorpece o ser humano, e a vida individual é vivida

> como se realmente tivesse sido afogada no processo vital da espécie e a única decisão ativa exigida do indivíduo fosse deixar-se levar, por assim dizer, abandonar a sua individualidade, as dores e as penas de viver ainda sentidas individualmente, e aquiescer num tipo de conduta entorpecida e tranquilizada (Arendt, 1993, p. 335).

O temor de Arendt é de que as modernas teorias do behaviorismo venham a se tornar verdadeiras, constituindo as melhores conceituações possíveis a respeito de certas tendências que se apresentam como óbvias na sociedade moderna. Esse temor se intensifica, para ela, com a possibilidade, bastante plausível, de que a modernidade, iniciada de forma tão promissora quanto à intensificação da atividade humana de forma jamais vista, tenha o seu fim na passividade mais mortal e estéril que a História jamais conheceu.

Proféticas e angustiantes são as palavras de Arendt. O mundo da modernidade ou da pós-modernidade em que vivemos apresenta-se como um pêndulo oscilante entre duas formas de comportamento contrárias, mas que expressam, cada uma à sua forma, o mesmo drama: o vazio existencial, a decadência do humano diante de uma existência governada por um sistema econômico selvagem, um capitalismo predatório. Assim, o pêndulo oscila, de um lado, entre a atividade sem sentido, as ações irrefletidas (*actings outs*), exteriorizadas, em sua grande maioria, sob a forma das mais variadas espécies de violência física, de violência psíquica.

E de outro lado, ele oscila para uma passividade assustadora, uma alienação doentia, também destruidora das individualidades. A passividade dos que aceitam "vestir a camisa" da organização ou da instituição a que estão ligados, incluindo as que convidam ao fanatismo religioso, abrindo mão de sua vida pessoal, de sua família, substituindo a angústia do viver, necessária à consciência do estar vivo, pelo que Arendt, como vimos, denomina "um tipo de conduta entorpecida e tranquilizada". Diríamos, também, um tipo de conduta adaptada, tão bem ao gosto das psicologias voltadas para a adaptação do indivíduo às organizações e instituições, disfarçando a exploração do trabalho humano sob a forma de bem-estar social, trabalhador bem adaptado e feliz, eufemismo para trabalhador alienado, seduzido para não perceber que entrega corpo e alma, vontade, sentimentos, identidade à organização/instituição. A perspectiva da carreira, do sucesso impede-o de enxergar a si mesmo, o seu descontentamento, o seu vazio e o outro com quem compete, em vez de interagir. Esse outro, que o ser vivente, na expressão de Lévinas, não consegue enxergar pois não lhe aparece com um rosto, não interdita a sua ação violenta, sem ética, sem respeito, sem amor, pois não está representado no campo da consciência do vivente, uma vez que ele não diferencia exterioridade de interioridade, diluindo-se na massa dos alienados, sem limites, sem fronteiras para seu ego, incapaz de pensar e atribuir sentido à sua existência.

As organizações/instituições, como microcosmo do macrocosmo social, refletem e repetem, em um interjogo constante, as relações que se estabelecem entre povos e governos/governantes. A sedução das migalhas, do pão e circo que nos acompanha desde o Império Romano, o discurso sedutor dos "pais sociais", a prática da "ilusão do amor" de que fala Freud (1921). Exercitadas e reforçadas por promessas nunca cumpridas aos humildes e sempre servindo aos poderosos, práticas alienantes levam as pessoas a "vestirem a camisa" de seus líderes políticos, a se identificarem com eles, depositando em suas mãos ilusoriamente "sábias e generosas" o destino de sua vida, seus sonhos, o futuro de seus filhos, o presente de sua família, sua velhice, sua história, deixando-se levar pela onda tranquilizadora da esperança que nunca é realizada.

O conformismo nos olhares tristes e distantes diante da violência, da miséria, da ausência do Estado, do pai social que deveria proteger seus filhos, da crueldade da mãe social, que rejeita, despreza e abandona a quem deveria acolher, os mais frágeis e mais necessitados. O conformismo que é enunciado nas palavras: "Fazer o quê, Deus quis assim", tão distantes da percepção de que o mundo é habitado por homens, seres humanos, responsáveis por ele, e não por Deus. A passividade impotente no olhar vazio da mãe sudanesa que amamenta seu pequeno filho já morto pela fome, miséria, violência, corrupção e luta pelo poder, endêmicas nos países africanos e em outros tantos lugares do planeta, inclusive em nosso país. Olhar que reflete o sofrimento mudo de milhões de mães e crianças pelo mundo afora, impossibilitadas não apenas de reagir, mas também de se dar conta do tamanho e da origem do sofrimento a que são submetidas.

Há que distinguir-se aqui a passividade resultante da mais absoluta impotência, da passividade alienada, fruto da servidão voluntária, da busca de "bem-estar", da eliminação dos conflitos que movimentam a vida, saindo vitoriosa a pulsão de morte, que busca o não-movimento, a ausência de conflito, da dor, a inércia da morte em vida.

Apesar de reconhecer que ainda retemos a capacidade de agir, pelo menos no sentido de desencadear processos, Hannah Arendt afirma que essa capacidade se tornou prerrogativa dos cientistas. Entretanto, diz ela, a ação dos cientistas não intervém com a textura das relações humanas, e sim com a natureza do ponto de vista do universo. Sendo assim, essa ação, para Arendt, tem o caráter revelador da ação sem a sua capacidade de produzir histórias e tornar-se histórica. E são exatamente essas duas características que constituem a própria fonte do sentido que ilumina a existência humana, segundo a grande pensadora. Graças a tal situação,

> também a ação passou a ser uma experiência limitada a um pequeno grupo de privilegiados; e os poucos que ainda sabem o que significa agir talvez ainda sejam menos numerosos que os artistas, e sua experiência ainda mais rara que a experiência genuína do mundo e amor pelo mundo (Arendt, 1993, p. 337-8).

Hannah Arendt coloca um outro problema importante a respeito da atividade de pensar. Ela afirma que essa atividade ainda é possível e não tem dúvida de que ela ainda ocorra. Entretanto, enfatiza Arendt, isso só ocorre em lugares onde o homem vive em condições de liberdade política. Apontando a capacidade de pensar como a mais vulnerável das capacidades humanas, Arendt afirma que em uma tirania é muito mais fácil agir do que pensar. E que, se sempre se supôs que a atividade de pensar fosse privilégio de poucos, talvez se possa acreditar, sem presunção, que nos tempos atuais esses poucos sejam ainda em menor número, o que, para Arendt, não é irrelevante para o futuro do homem.

Mais uma vez, os ecos das palavras de Hannah Arendt reverberam nos dias de hoje. "Seu pensamento busca compreender o mal totalitário, 'acósmico' – privado do mundo, privado de humanidade, seja em Auschwitz, nos campos do Gulag ou outro lugar, fenômeno repetitivo da modernidade" (Clément, 1999, p. 48).

O mal totalitário, preocupação constante de Arendt, no dizer de Mattéi, só pode surgir sobre o solo de uma democracia prévia, cujo formalismo subjetivo arruína a substância humana (Mattéi, 2001, p. 283). Como a barbárie, em seu entender, só pode nascer de uma civilização anterior que ela procura destruir, assim nasceu o totalitarismo: nazismo e comunismo, figuras da barbárie, tiveram como matriz o mundo democrático. Para Mattéi, esse mundo, já no século XIX, havia conduzido o homem à figura do homem-massa, produzindo uma humanidade concebida como massa ou multidão,

> Sendo a multidão apenas a liquefação momentânea da massa e a massa a coagulação brutal da multidão, assiste-se ao nascimento de um corpo social estranho,

alternadamente sólido e líquido, que não tem mais nada em comum com o povo como associação de homens livres sob a direção da vontade geral (Mattéi, 2001, p. 283).

O sujeito moderno, esvaziado em sua interioridade, em seu comportamento massificado, seu pensamento massificado, tornou-se presa fácil do totalitarismo, das tiranias de toda espécie, que persistem até os dias de hoje, disfarçadas em "democracias". A visão totalitária da humanidade, no entender de Mattéi (2001), faz do sujeito apenas um

> suporte passageiro de propriedades sociais ou raciais que se desenvolverão após sua morte, em outros sujeitos igualmente efêmeros. O indivíduo já não existe, para si, perante uma instância permanente superior de que extrai sua humanidade; ele é dissolvido no movimento da vida e no movimento da História (p. 310).

Assim, "Natureza e História passam a ser movimentos em si mesmas", como diz Hannah Arendt, e arrastam o homem real, aprisionando-o em um processo ilimitado, que ele não pode dominar, de socialização e racialização, que vai adquirir na vida política a forma do terror, como afirma Mattéi.

Para Arendt (*apud* Mattéi, 2001, p. 311), o terror é a realização da lei do movimento, que arrasta todo o gênero humano através da natureza e da história com tal poder, que a ação humana espontânea, qualquer que seja, não consegue impedir. Mattéi considera que esse processo nos conduz ao coração mesmo do totalitarismo: o que era o indivíduo real se transforma em sujeito indiferenciado, fundindo-se na espécie. Agora, segundo o autor, cada homem é a raça ou a classe, e o todo é o altar onde o homem é sacrificado.

Realmente, tal processo de esvaziamento do ser humano, de sua subjetividade, absorvido por conceitos tão poderosos que o diluem na totalidade, não poderia ter conduzido a humanidade a um outro caminho que não o da barbárie. A indiferenciação, a totalidade homogênea que caracteriza a massa, ausente de pensamento, vivendo na e para a exterioridade não da luz do mundo, mas da ilusão das palavras de ordem, das promessas vãs, conduziu o sujeito que nela se dilui para a escuridão que caracteriza a barbárie, tornando-o presa fácil de todas as tiranias, até de sua própria. A tirania de hoje é da *mass media*, da mídia tecnoeletrônica, do pensamento único, do mercado como um valor absoluto, cultuado e fetichizado. É a tirania do lazer vazio, massificado, produzido, sem sentido; do fazer mecânico, automático; do Orkut, das relações a distância, mediatizadas, enganadoras; do ruído, do concreto das comunicações sem ideias, sem troca, sem escuta. É a tirania da corporeidade, do culto ao corpo, do aprisionamento à matéria de um humano que se despe de suas características e de seus valores mais nobres, escravizando-se pelos instintos, pela violência, pelos prazeres sádicos.

A tirania do corpo já aparece nas palavras de Sócrates, no *Fédon* de Platão, ao dizer que o corpo, ao nos inundar de amores, paixões, desejos, temores, bagatelas, ou seja, uma infinidade de coisas miúdas, o faz de tal sorte que não pode ser veículo de nenhum pensamento sensato. Mas o mais grave e significativo para a nossa discussão é a afirmação de Sócrates responsabilizando o corpo e suas concupiscências (diríamos, seus baixos instintos, sua pulsão de morte) pela origem das guerras, batalhas e disputas, causadas pelo desejo da posse de bens.

É assim que o corpo nos escraviza, impulsionando-nos a amontoar bens. O que pensar, aqui, da futilidade pela busca e exibição de roupas de grifes caríssimas, constantemente criadas pelo mercado da moda e que proporcionam a seus narcísicos possuidores a sensação de preenchimento de seu interior vazio, de felicidade suprema? E das disputas e cobiças por objetos da moda que redundam em violência e morte? Das disputas por bens, territórios, poder, desejo de posse de coisas materiais que levam à corrupção, às guerras, a todas as espécies de violência que caracterizam a barbárie de nossa civilização? A tirania do corpo só pode ser exercida sobre o homem massificado, sobre o ser vivente, no qual o pensamento, a ética, os valores, o afeto foram substituídos pelo concreto, pela matéria, pelo objeto. A tirania à qual o "homem-massa", o sujeito moderno, se deixa escravizar e seduzir é aquela que conduz ao lodaçal de que fala Sócrates, à caverna de Platão. Ali jaz o sujeito moderno: a grande boca engoliu a esfinge, sepultando-a em seu interior.

A cultura de massa para homens-massa, no dizer de Ortega y Gasset, (1989) contribuiu não apenas com a crise do pensamento, mas levou a massa a perder toda a capacidade de religião e de conhecimento. Essa perda, para Ortega y Gasset, é resultado da rebelião das massas diante do politicismo integral, que esvazia o homem e as coisas, absorvendo-as, retirando do homem sua solidão e intimidade: sua interioridade, portanto. Esse politicismo integral, como uma das técnicas empregadas para socializar o homem-massa, segundo o autor, pretende superar o conhecimento, a religião, a "sagesse" que deveriam estar no centro da mente humana, dada a sua substancialidade. Desse modo, o totalitarismo não apenas escraviza, mas também esvazia o ser humano, seja ele de direita ou de esquerda, até porque é importante lembrarmos a observação de Hannah Arendt sobre os regimes totalitários, pela ação e pelo fazer.

Ortega y Gasset pergunta-se se as massas conseguirão despertar para a vida pessoal, ainda que seja esta a sua vontade pessoal, e, mais importante, segundo nosso entender, se é possível reformar o homem-massa, dados o seu hermetismo e seu fechamento a qualquer instância superior. Em resposta a Ortega y Gasset, pensamos no poder exercido pela mídia tecnoeletrônica, nos apelos de consumo, na ditadura do mercado, na vocação essencialmente materialista, individualista e narcísica do homem moderno, no seu desinteresse e desprezo por tudo o que possa transcender a pequenez de sua vida segmentada, limitada aos espaços sociais dos quais retira seus prazeres efêmeros, recortes egoístas e alienados de uma realidade que o transcende e da qual não toma conhecimento em sua louca alienação.

E, então, damo-nos conta da dificuldade da tarefa. Talvez não seja impossível reformar o homem-massa, mas essa é uma tarefa hercúlea e extremamente demorada, uma vez que o processo de transformação do humano só é possível de dentro para fora, através do autoconhecimento, alimentado pelo convívio com modelos saudáveis de identificação, como discutiremos adiante. De qualquer modo, a mudança é urgente, não pode ser adiada, e cada um de nós deve se empenhar na sua própria transformação interior. O caminho é longo e demorado, mas cada um que cresce na sua humanidade, evoluindo afetiva, ética e espiritualmente, no sentido da transcendência, quebrando as amarras do jugo dos instintos, da pulsão de morte, libertando-se da "caverna" escura, se transforma em um polo imantador, em um modelo saudável de identificação. Pode atrair e estimular os que ainda se encontram perdidos nas obscuridades de sua subjetividade desconhecida, de seu fascínio pela matéria, pelo concreto, pela idolatria aos falsos profetas da modernidade em sua pregação pelo lucro, pela vantagem, pela fama, pela esperteza, pelas drogas, pelo divertimento sem sentido e mortífero, pelos relacionamentos fáceis e vazios. Pela felicidade aparente – até porque o mundo das aparências é o *habitat* natural do homem-massa, do homem moderno.

O esvaziamento da subjetividade, a pobreza interior do homem moderno ou homem-massa (Ortega y Gasset), seu culto ao ego, sua pobreza de pensamento evidenciam-se nos grandes dramas que são as relações humanas, as incompreensões, a incomunicabilidade que existe entre as pessoas. Um exemplo doloroso desse estado de coisas aparece na experiência de *quiet party*, que nasceu em novembro de 2002, em Nova York, após a tentativa frustrada de Paul Rebhan e Tony Noe em uma noite de verão para encontrar nas ruas de Manhattan um lugar onde fosse possível conversar em torno de um copo. Foi impossível encontrar esse lugar, uma vez que o ruído, o barulho (e não a conversa) produzido pelas pessoas, falando todas ao mesmo tempo e em voz alta, aliado ao "som", melhor dizendo, ruído, barulho ambiente, impediam qualquer comunicação. Uma noite de *quiet party*, geralmente organizada em um bar, é caracterizada pelo silêncio. A regra de ouro é não pronunciar nenhuma palavra, não emitir nenhum som. A comunicação é feita através de gestos, mímicas ou bilhetes – conversação muda –, conforme relato de Vincent Braun (2004), que ocorre em um "espaço de silêncio". Após as 21 horas, a música de fundo aumenta em decibéis, produzindo outra forma de comunicação: a dos corpos. Os vigilantes do silêncio retiram-se, as conversações verbais iniciam-se, mas são cobertas pela música.

Surge, então, a necessidade de ficar atento e esperar para poder entender o que o interlocutor está falando.

Quanta angústia e quanto esforço a comunicação entre as pessoas exige de cada um de nós, habitantes deste maravilhoso mundo moderno, "sujeitos" (ou objetos?) da modernidade. Para nós, a questão que se pode colocar aqui é a seguinte: o ser humano moderno necessita de medidas extremas para se conscientizar de sua insanidade. Normalmente, as "noitadas", os divertimentos, os bares etc., os locais de diversão são insuportavelmente barulhentos. As pessoas não se escutam e falam todas ao mesmo tempo. Mas isso não acontece somente nos locais de diversão, faz parte constante de nosso cotidiano. Até não nos escutam pois só ouvem a própria voz. É verdadeiramente uma característica da modernidade. Há um discurso bizantino que reflete o vazio interior do ser humano. Há também, como já dissemos, uma necessidade de movimento dos corpos, de agitação, de tudo aquilo que impede a comunicação do ser humano consigo mesmo, condição necessária e anterior para estabelecer a comunicação com os outros. A *quiet party*, do nosso ponto de vista, é o resultado do atraso ético, afetivo do ser humano moderno, de seu vazio interior, de sua necessidade de escutar o som do silêncio, sua própria voz, de encontrar o si mesmo para encontrar e reconhecer o outro, de ser mudo para aprender a falar e a ouvir.

Como sujeitos, seres humanos, somos portadores de um potencial enorme de desenvolvimento, de crescimento, de aperfeiçoamento moral, ético, afetivo, espiritual. Entretanto, ficamos muito aquém de nossas potencialidades, apesar das imensas possibilidades com que contamos atualmente.

Falta-nos o sentido da transcendência, um projeto de vida que não contemple apenas o mundo material, os gozos mundanos, as "relações humanas" ligeiras e instrumentalizadas. Ortega y Gasset (1989) diz que o homem-massa vive à deriva pois sua vida carece de projeto, razão pela qual não constrói nada apesar das enormes possibilidades de que dispõe no mundo moderno. Entretanto, diz ele, é preciso não nos esquecermos (e o fazemos constantemente) de que "a nossa vida é em todos os instantes e antes de mais nada consciência do que é possível para nós" (Ortega y Gasset, 1989, p. 61). Vivemos em um mundo de possibilidades, que o autor chama de "circunstâncias". Viver, então, significa encontrar-se dentro de "circunstâncias" ou do mundo. É no mundo que se encontram nossas possibilidades. Estamos nele, vivemos dele, interagimos com ele, e é nele que estão os outros indispensáveis para a construção de nossa subjetividade, gratificando, negando ou interditando nossas necessidades e nossos desejos. As "circunstâncias" ou o mundo, segundo Ortega y Gasset, constituem parte vital da vida humana, o que o leva a dizer que o homem é o homem e suas "circunstâncias". Contudo, acabamos ficando muito aquém do homem e das "circunstâncias" que nos cercam, uma vez que alcançamos uma parte mínima do que podemos ser. Ortega y Gasset diz que "o mundo ou a nossa vida possível é sempre mais do que o nosso destino ou vida afetiva" (1989, p. 61).

Pensamos que uma das causas de tal descompasso apontado pelo autor é o fato de não termos um projeto de vida, fundamentalmente, um projeto de vida voltado para o desenvolvimento e o crescimento de nossa "humanidade" nos seus melhores aspectos. Afastamo-nos da luz do mundo, dos outros homens, de Deus, da arte, da educação, da religiosidade, da ligação com Deus para nos refugiarmos na dupla caverna de nosso interior vazio e das obscuridades do mundo, ou seja, dos fragmentos nos quais buscamos apenas as gratificações e prazeres efêmeros. Coisificamos, reificamos, mercantilizamos, esvaziamos de sentido, transformamos em espetáculo midiático os valores maiores, as alavancas que nos permitem dar o salto para fora da caverna, no caminho da transcendência, para além do imediatismo da materialidade que nos limita e aprisiona.

Hannah Arendt (1981) afirma que a capacidade humana de pensar é a fonte imediata de onde se origina a obra de arte. Essa capacidade, diz ela, articulada com o sentimento, permite ao homem transformar o que era dor muda e inarticulada em criação que adentra o mundo, reificada em um processo de transfiguração. Na verdade, segundo Arendt, há uma metamorfose, pois se tudo deve queimar até virar cinzas, os sentimentos e a dor queimam até que das cinzas surjam as chamas. Aprisionadas no íntimo do artista, são transferidas para o mundo, transcendendo o seu criador, comunicando ao mundo a sua angústia, a sua dor, transformadas em uma obra de arte cuja permanência no mundo faz transparecer a estabilidade humana, um pressentimento de imortalidade a acompanha.

Apesar de serem frutos do pensamento, as obras de arte não deixam de ser coisas, diz Hannah Arendt. Assim, até mesmo "a poesia, talvez a mais humana e a menos mundana das artes, aquela cujo produto final permanece mais próximo do pensamento que o inspirou" (Arendt, 1981, p. 183), não importa quanto tempo existiu na memória viva, na palavra falada do bardo, um dia terá que ser "feita", transformada em coisa tangível, escrita para habitar entre coisas. Caso contrário, perdendo-se na memória do esquecimento, estará condenada à sua extinção.

Pensamento e sentimento aliam-se, então, na criação de obras de arte. Entretanto, o pensamento só começa a afirmar-se como fonte de inspiração para o *homo faber* quando este é capaz de ultrapassar a força de suas necessidades materiais, físicas ou intelectuais, sendo capaz de produzir objetos inúteis, segundo Hannah Arendt. A obra de arte, a criação artística, está para além do uso, do utilitarismo. Ela liberta o homem de sua prisão, dá sentido à sua dor ao mesmo tempo que representa e expressa a dor da humanidade, permitindo ao humano comunicar ao mundo a sua angústia, a sua inquietude.

Apesar de serem coisas, como diz Hannah Arendt, as obras de arte não são banais, como quaisquer objetos de consumo, produtos de mercado. Diríamos que as obras de arte habitam o mundo dos objetos como "coisas com alma", pois, como criação, elas são impregnadas pela alma do artista e da humanidade, que ele capta, apreende e comunica ao mundo. A obra de arte verdadeira é permanente e permite ao artista transcender sua limitação e finitude, colocando-se no mundo, participando e permanecendo nele através de sua criação.

Concordamos com Mattéi (2001) quando diz que, infelizmente, quando se trata das vanguardas da modernidade, a arte não está mais no mundo, onde é o seu lugar, mas dentro do sujeito, presa às suas idiossincrasias, segundo pensamos. Ele critica a limitação da arte à expressão da personalidade do sujeito, dizendo que o homem e o mundo não demoram a desaparecer depois que suas forças obscuras, libertas das brechas do expressionismo, são empregadas na exaltação bruta do imediato. Assim, a expressão substitui a representação, como efeito da arte, e o rosto humano desaparece da pintura, da mesma forma que a paisagem se desvanece após o impressionismo. Essas profundas mudanças na arte laicizada, para Mattéi, representam a barbárie anunciada dos totalitarismos, expressa e resumida na frase de Jean Clair: "A exterminação do humano no homem havia sido assim precedida pelo desastre da sua representação" (Jean Clair, *apud* Mattéi, 2001, p. 28).

A relação que Mattéi estabelece entre o desaparecimento do rosto do homem da pintura, da substituição da representação pela expressão, e a barbárie anunciada dos totalitarismos é bastante significativa. Não podemos deixar de considerar que os totalitarismos, sejam eles quais forem, primam pela total desconsideração do humano, da anulação do rosto, e aqui é importante lembrar do significado que Lévinas dá ao rosto do outro como capaz de inaugurar o instante ético. Primam pela eliminação da individualidade, da diluição do sentido humano, do respeito do sujeito, aos seus direitos, sentimentos, família. E a tudo substituem pelo partido, estado, classe, grande irmão, chefe, novos nomes para antigas idolatrias, promovendo a exaltação bruta do imediato, do concreto, descontinuando o fluxo e o significado da existência, apagando o passado, destruindo o futuro, cortando vínculos com tudo o que transcende o ato, o imediato.

Assim, a "subjetividade" como triunfo do sujeito voltado para seu vazio interior, autocentrado, narcísico, afirma-se ao mesmo tempo que a arte faz desaparecer a figura do homem. Para Mattéi, esse acontecimento é um efeito tardio da substituição do humanismo ético por um humanismo estético, modificação bastante significativa ocorrida no Renascimento, apoiada em uma nova representação plástica do mundo. O sujeito triunfa à medida que a expressão latina *punctum fixum*, usada pela primeira vez por Viator, segundo Mattéi, não mais designa o ponto de vista da paisagem no infinito, e sim o ponto de vista do homem, agora o vértice da pirâmide ótica. O "ponto fixo" deixa de ser o ponto de fuga exterior ao pintor, não está mais no universo infinito, e sim no olho humano, ao qual se relaciona a partir de então. Do universo infinito, passamos ao espaço interior; e a expressão do sujeito pode assim substituir toda forma de representação do objeto. A arte, então, identifica-se inteiramente com a subjetividade do artista, uma vez que ambos esquecem do homem e do mundo que deviam representar, observa Mattéi.

Para Mattéi, "toda a arte plástica do século XX pode com efeito ser considerada um processo exacerbado de subjetivização no curso do qual a atrofia da obra faz eco à hipertrofia do eu" (Mattéi, 2001, p. 31). São bastante significativas as citações com que Mattéi ilustra sua observação ao lembrar, primeiramente, o comentário de Raymonde Moulin sobre a involução ocorrida na arte, em que a prioridade passou "da obra ao ato e do ato ao artista" (*apud* Mattéi, p. 31). Já Arthur Danto, ao criticar a abolição do mundo com o desaparecimento da paisagem, o esquecimento do rosto do homem, aponta para os objetos quaisquer, parcelares, arruinados, objetos que transformaram o museu, antes um templo da beleza, em um "tipo de feira cultural".

Mattéi fala em servidão da arte, submetida à liberdade, ao narcisismo do artista, ao seu gosto. Podemos falar também em ditadura do artista. Pensamos em "instalações" feitas de dejetos de gosto duvidoso diante das quais as pessoas procuram algum sentido com que possam se identificar. Quando não o encontram, procuram expressar admiração para não passarem por ignorantes, carentes de sensibilidade artística etc. Então, a expressão "feira cultural" talvez possa ser substituída pela expressão "feira dos absurdos narcísicos".

Mattéi diz que: "ao emancipar a arte da obra, da forma, até mesmo do material que o ofício do pintor ou do escultor conseguia submeter ao poder da ideia, a estética moderna substitui a 'verdade do mundo', de que falava Lévi-Strauss, unicamente pela expressão do sujeito" (Mattéi, 2001, p. 32). Como já havíamos dito, o que predomina na chamada estética moderna, que alcança seu paroxismo nos excessos vanguardistas, é a liberdade narcísica do sujeito, a arte colocada a serviço da expressão de sua subjetividade vazia, de seu ego grandioso, da ditadura de sua "sensibilidade", que pretende atribuir sentido ao que carece absolutamente de sentido. O horizonte fecha-se ao mundo e a qualquer forma de transcendência; na verdade, ele está fechado, encerrado no sujeito que se aprisiona em sua própria armadilha, no dizer de Mattéi.

Em vez de habitar o mundo das coisas, transcendendo-o em sua permanência e capacidade de representá-lo e ao humano do qual se origina, a arte moderna coisifica-se, reifica-se, como já apontaram os representantes da Escola de Frankfurt, especialmente Adorno e Walter Benjamin. A mercantilização da obra de arte faz dela um produto de mercado, reduzido ao gosto do espectador.

Mattéi ilustra suas críticas ao que podemos chamar também de reducionismo praticado pelos artistas em sua recusa à presença da obra, destruição ou negação dela com exemplos extremamente significativos do que chama o esteta, doravante, provando apenas do deserto de sua sensibilidade. Reproduziremos esses exemplos, pois eles falam por si mesmos no sentido de traduzir o narcisismo e a ocultação da verdade do mundo.

Mattéi diz que esse esteta não hesitará em praticar a mutilação, a escatologia, a insignificância e o nada. A mutilação: Michel Journiac, em 1969, em sua *Missa para um corpo*, faz o público comungar com chouriço confeccionado com seu próprio sangue; Orlau, que deforma com silicone a testa e o rosto durante operações cirúrgicas que são *performances* artísticas. A escatologia: Piero Manzoni põe em conserva, em maio de 1961, em noventa latas, sua **Merda d'artista** e vende-as em gramas pela cotação do ouro: a abertura em 1989 de uma das latas, na galeria Roger Pailhas de Marselha, torna-se, por sua vez, uma *performance* artística de Bernard Bazile. A insignificância: On Kawara, em suas *Date paintings*, pinta sobre tela, todo dia, desde 1966, as datas do mês, dia e ano, nos mesmos caracteres, em branco sobre fundo monocromático. Finalmente, o nada: Robert Morris, em 1963, estabelece uma **Declaração de nulidade estética**, afirmando que sua construção metálica, *Litanias*, não possui nenhuma qualidade nem conteúdo estéticos (a declaração é exposta, autenticada pelo tabelião do MoMA de Nova York). Bem apresenta em Nice, em 1966, **Ninguém**, a "peça de arte total *Fluxus*", em um teatro no qual o público não é admitido: a cortina ergue-se às 21h30 precisas... Sem fôlego, o niilismo estético exprimirá, enfim, o aniquilamento da vida: um jovem pintor japonês suicida-se jogando-se do alto de um prédio sobre uma tela posta na rua. À divulgação dessa notícia, Yves Klein realizará uma dezena de **antropometrias** com sangue de boi e assinará os quadros com uma impressão suja do próprio sangue. A morte do japonês acederá ao estatuto de "obra póstuma pela doação da tela ensanguentada ao Museu de Arte Moderna de Tóquio" (Mattéi, 2001, p. 35).

Assim, a subjetividade (vazia, não esqueçamos) torna-se a medida de todas as coisas. Entretanto, tal exacerbação do narcisismo não permite ao homem contemporâneo alçar voo a lugar nenhum, a não ser de um canto ao outro da caverna de que fala Platão. Nenhuma transcendência é possível quando não existe nada no horizonte, seja no céu, seja na terra, a não ser a imagem hipertrofiada desse sujeito narcísico, que coloca a si mesmo no pedestal de sua autoidolatria. Os exemplos citados por Mattéi são uma evidência espantosa do esvaziamento de sentido da arte aprisionada pela estética da modernidade. É desolador pensar nos efeitos que tal tipo de "manifestação artística" pode provocar na educação de crianças e jovens, nos sentimentos que podem despertar, nas identificações com os aspectos mais obscuros da vida emocional, uma vez que a arte é um veículo poderoso para despertar emoções, desejos, admiração, superação. Que seja a arte maravilhosa e imortal deixada por Da Vinci, Bernini, Van Gogh, Rafael, Picasso, Renoir, Michelangelo e tantos outros artistas que deram forma aos sentimentos, às paixões, à alma humana, a eterna inspiradora de nossa evolução e de nosso crescimento, de nossa saída do lodaçal, da superação de nossa finitude, temporalidade de nosso mundo pequeno de necessidades!

Não por acaso, Ortega y Gasset discute a questão da cultura sob a ótica do homem-massa, da sua pretenciosa perfeição, apontando para sua vaidade e busca de confirmação de suas qualidades através dos outros que o reconheçam como tal. Em sua mediocridade, é incapaz de comparar-se com outros seres, de transmigrar-se, transferir-se a eles, busca-os apenas como espelhos, que reflitam sua grandiosidade. A sua esperteza e capacidade intelectuais, maiores que a de homens de outras épocas, segundo Ortega y Gasset, não lhe servem para nada, dada a sua vulgaridade intelectual. O homem médio hoje, diz o autor, tem "ideias" sobre tudo que acontece e tem de acontecer no universo. Daí, não ouve, como já discutimos, pois não há necessidade de ouvir quando já tem dentro de si tudo o que é necessário. Além de não ouvir, ele julga, sentencia, opina. Entretanto, nem as "ideias" desse homem médio são autenticamente ideias nem sua posse é cultura, segundo Ortega y Gasset. Ter ideias pressupõe querer a verdade e aceitar as regras que ela impõe. Freud (1921), aliás, chama a atenção para o fato de as massas não quererem a verdade e sim as certezas, daí serem facilmente manipuláveis.

Existem regras que regulam as ideias ou opiniões, normas que são os princípios da cultura. Ortega y Gasset afirma que não há cultura quando não se pode recorrer a normas, onde não há princípios de legalidade civil a que se possa apelar. Também não existe cultura quando não se acata, numa discussão, algumas posições intelectuais últimas, às quais se deve fazer referências. Não há cultura quando as relações econômicas não são presididas por um regime de intercâmbio. Também não há cultura quando e onde as polêmicas estéticas são detentoras da verdade, colocando-se acima da necessidade de justificar a obra de arte.

Ortega y Gasset diz que quando faltam todas essas coisas não há cultura e sim barbárie, no sentido mais estrito da palavra, uma vez que não existem propriamente normas bárbaras. A barbárie, ao contrário, traduz-se pela ausência de normas, da possibilidade de apelar.

Assim, quando as opiniões, travestidas de verdade, típicas de regimes autoritários ou pseudodemocráticos, nos quais o pensamento único, a hegemonia, a vontade de uns poucos impera, como nos dias de hoje, a barbárie se faz sentir. Ortega y Gasset fala do aparecimento, na Europa (e que depois se espalhou pelo mundo), de um tipo estranho de homem, radicado sob as espécies de sindicalismo e fascismo, que tem por característica a imposição de suas opiniões, não querendo dar razão ou ter razão. No centro dessa novidade, que é caracterizada pela razão da sem-razão, ele vê a manifestação evidente do novo modo de ser das massas, como diz, à medida que resolveram dirigir a sociedade sem que tenham capacidade para tanto.

A falta de capacidade do homem-massa faz com que ele não aceite a discussão, diz Ortega y Gasset, pois teria de aceitar uma instância suprema que se situa fora dele, que é uma razão, um mundo de verdades inteligíveis. O homem-massa teria de se sujeitar a essa instância, aceitar o seu código e acreditar no diálogo como forma superior de convivência, pois é através dele que podemos discutir as razões que sustentam nossas ideias. Para Ortega y Gasset, "acabar com as discussões" é retroceder a uma convivência bárbara, marcada pelo repúdio à aceitação de normas objetivas que está presente desde as conversas no parlamento até a ciência. Os processos, os meios, ou os trâmites, como diz o autor, são substituídos pela imposição, na verdade, pelo ato, que ele chama de ação direta.

O problema, diz Ortega y Gasset, é que se o homem tem recorrido desde sempre à violência, algumas vezes o fez depois de esgotar todos os recursos possíveis para defender a razão e a justiça que acreditava ter. Nesse sentido, a força era a última *ratio*, e reduzi-la a tal era uma premissa da civilização. Isso se torna mais claro para Ortega y Gasset à medida que se pode observar que a "ação direta" inverte a ordem e a violência e é hoje proclamada como *prima ratio*, razão única, **Carta Magna** da barbárie, diz ele, ao propor a anulação de toda a norma, suprimindo o intervalo entre o que é proposto e sua imposição.

Diz Ortega y Gasset (1989)

> Toda a convivência humana vai caindo sob esse novo regime em que se suprimem as instâncias indiretas. Suprime-se a "boa educação" na relação social. A literatura, como "ação direta", traduz-se no insulto. As relações sexuais reduzem os seus trâmites.

Trâmites, normas, cortesia, usos intermediários, justiça, razão! Para que inventar tudo isso, criar tanta complicação? Tudo isso se resume na palavra "civilização" que, por meio da **ideia de civis** – o cidadão –, descobre a sua própria origem. Trata-se com tudo isso de tornar possível a cidade, a comunidade, a convivência. Por isso, se olharmos por dentro de cada um desses apetrechos da civilização que acabo de enumerar, acharemos em todos uma mesma entranha. Todos, com efeito, pressupõem o desejo radical e progressivo de cada pessoa contar com as outras. Civilização é, antes de qualquer coisa, vontade de convivência. É-se incivil e bárbaro na medida em que não se conte com os outros. A barbárie é tendência à dissociação. E assim todas as épocas bárbaras foram tempos de esbanjamento humano, população de grupos diminutos separados e hostis (p. 86-7).

Parece-nos cada vez mais difícil falarmos em civilização. A "ação direta", de que fala Ortega y Gasset, para nós não difere do *acting out* da psicanálise, da transformação em ato de que temos falado, passagem direta do mundo dos instintos para o mundo exterior, sem a mediação da razão e do pensamento, que tornam possível a discussão, o diálogo, condições para a convivência. Sem censura, sem interdição, sem processo, vai-se da necessidade ou do desejo ao ato. Essa passagem automática se tornou uma característica da vida cotidiana no mundo moderno, principalmente nas cidades mais populosas, nas grandes metrópoles, impregnando de desumanidade os relacionamentos humanos. As normas de que fala Ortega y Gasset inexistem ou são raras. Cortesia e preâmbulos estão fora de moda. Justiça e razão, indispensáveis à vida social, ao sentir-se cidadão, são privilégios de poucos, especialmente a justiça, tão rara entre nós e que será objeto de uma discussão maior. Violência, desrespeito, busca de resultados a qualquer preço: resultados na política, na economia, na educação, na avaliação acadêmica, tudo no mundo de hoje se resume a resultados, ou seja, tudo diz respeito a quantidades, números, e não a conteúdos, qualidade, ideias, seres humanos...

A convivência, neste mundo de resultados, não é mais uma expressão da civilização como vontade de "viver com" os outros, pois as disputas por resultados, a imposição de uns sobre outros, a transformaram em um "viver contra". Perguntamo-nos, a todo momento, com quem podemos efetivamente contar, uma vez que a solidariedade e a fraternidade são cada vez mais substituídas pelas hostilidades, pela competição, pelo desrespeito, pela violência nos relacionamentos humanos. A voracidade narcísica escancara-se nas grandes bocas abertas, prontas a engolir tudo e todos, em uma disputa enlouquecida pelo sucesso, pelo reconhecimento, pelo lucro fácil que não permitem e não aceitam a presença do outro como ser desejante, com direito a um lugar no mundo e às conquistas que sua condição humana lhe possibilita obter.

A hipocrisia, a inveja e a indiferença sobrepõem-se à empatia, à receptividade, tornando ausentes a solidariedade e a fraternidade, transformando a cooperação desejada e desejável para a convivência humana em rivalidades e egoísmos. Assim, constatamos a incivilidade e barbárie de que fala Ortega y Gasset, observando também que vivemos tempos de esbanjamento do humano, nos quais pululam pequenos grupos separados e hostis. Tempos de facções de todos os tipos e cores que lutam por territórios, privilégios, *status*, ambições desvairadas, poderes. Tempos de injustiça, de descrédito, de desesperança. Tempos de desamor. Em quem podemos confiar, com quem podemos com-viver, com quem podemos contar, quando Tânatos a tudo separa e destrói? Em quem podemos confiar se o homem-massa se compraz com a indiferenciação, com a dissolução na massa, com a onda da maioria, na qual se deixa levar, agora mais facilmente, conduzido pelo Grande-Irmão de cada momento, que governa na teletela da mídia instantânea? Com quem podemos contar se o homem-massa adora certezas e não tem nenhum apreço pela verdade, que não interessa também ao Grande-Irmão (ou Grande-Pai), protótipo dos governantes que des-conduzem a humanidade?

Em tempos de crise na cultura, em tempos de busca por resultados, em tempos de crise de valores, de perda de fontes de transcendência, de ditadura do mercado, a crise na educação apresenta-se, ao mesmo tempo, como causa e consequência da decadência de nossa humanidade.

Hannah Arendt (1972) aponta a educação como uma das facetas da crise que assolou o mundo moderno nos diferentes países e envolveu áreas e formas diversas em cada um deles. Em se tratando dos Estados Unidos, Arendt considera a crise periódica na educação um dos seus aspectos mais significativos, a ponto de se tornar um problema político. O fato de os Estados Unidos ser uma terra de imigrantes, segundo ela, oferece uma explicação técnica para o problema, dada a fusão bastante difícil de grupos étnicos os mais variados. Entretanto, essa é apenas uma parte da explicação. O que é extremamente importante, para a pensadora, é o que se pode aprender a partir dessa crise sobre a essência da educação. Assim, é preciso refletir sobre o papel que a educação desempenha para toda a civilização, o que leva à seguinte indagação: qual é a obrigação que a existência de crianças impõe a toda a sociedade humana?

Em busca dessa resposta, Hannah Arendt observa que a educação se renova continuamente com a vinda de novos seres através do nascimento. Essa criança é um novo ser humano e um ser humano em formação, em um relacionamento que se estabelece duplamente com o mundo, de um lado, e com a vida, de outro. Aos pais cabe não apenas trazer os filhos à vida, mas, ao mesmo tempo, introduzi-los em um mundo. E é através da educação que eles assumem a responsabilidade pela vida e pelo desenvolvimento da criança e, ao mesmo tempo, pela continuidade do mundo. A criança precisa ser protegida do mundo na segurança da vida privada familiar. Entretanto, nossa sociedade moderna emancipou essa vida privada e todas as atividades envolvidas em sua preservação e seu enriquecimento e a expôs à luz do mundo público.

Hannah Arendt considera que as crianças foram as últimas a serem afetadas por esse processo de emancipação. Por sua própria natureza, para que seu processo de amadurecimento não seja perturbado, as crianças pedem a segurança do ocultamento. Entretanto, cada vez mais e mais a sociedade moderna introduz uma esfera social entre o privado e o público, transformando o privado em público e o público em privado, exibindo o que deveria se desenvolver na segurança do acobertamento.

A escola não é o mundo, mas ela o representa, em certo sentido, em relação à criança que ela introduz no mundo. Isso implica responsabilidade e educação, diz Arendt, e a responsabilidade pelo mundo assume a forma de autoridade na pessoa do educador.

A questão é que há uma enorme crise de autoridade no mundo contemporâneo, onde ela ou é contestada ou nada mais representa, tanto na vida pública quanto na vida política, o que se deve, segundo Arendt, à violência e ao terror dos países totalitários, que não podem ser entendidos como autoridade. Assim, para a pensadora, a recusa da autoridade por parte dos adultos significa a sua recusa em assumir a responsabilidade pelo mundo ao qual as crianças foram trazidas por eles.

A perda de autoridade na vida pública e política produz efeitos que se estendem aos domínios privados e pré-políticos da família e da escola. Como observa Arendt, quanto maior a desconfiança em relação à autoridade na esfera pública, maior é a probabilidade de essa desconfiança afetar a vida privada. Outra questão aí implicada, dentro do pensamento arendtiano, é a existência de uma estreita relação entre a crise da autoridade na educação e a crise da tradição, ou seja, a crise provocada pela nossa atitude em relação ao passado. O mundo contemporâneo tem um grande desprezo pelo passado, pela tradição, uma obsessão pelo novo, pelo descartável, descartando, com isso, séculos de cultura, criação, pensamento, valores, arte, ou seja, tudo o que diz respeito aos pilares, aos fundamentos da civilização. Não é de estranhar, portanto, a dificuldade do educador, assinalada por Arendt, em exercer seu ofício de mediador entre o velho e o novo, uma vez que sua profissão exige um respeito incomum pelo passado.

> O problema da educação no mundo moderno está no fato de, por sua natureza, não poder abrir mão nem da autoridade, nem da tradição, e ser obrigada, apesar

disso, a caminhar em um mundo que não é estruturado nem pela autoridade nem tampouco mantido coeso pela tradição (Arendt, 1972, p. 245-6).

> A educação é o ponto em que decidimos se amamos o mundo o bastante para assumirmos a responsabilidade por ele e, com tal gesto, salvá-lo da ruína que seria inevitável não fosse a renovação e a vinda dos novos e dos jovens. A educação é, também, onde decidimos se amamos nossas crianças o bastante para não expulsá-las de nosso mundo e abandoná-las a seus próprios recursos, e tampouco arrancar de suas mãos a oportunidade de empreender alguma coisa nova e imprevista para nós, preparando-as em vez disso com antecedência para a tarefa de renovar um mundo comum (Ibid., p. 247).

Hannah Arendt coloca-nos diante de sérios problemas ligados à crise na educação, sintomas da crise mais grave pela qual temos passado a partir do advento da modernidade, nós que estamos já em plena sociedade pós-moderna. Há várias questões a considerar, e começaremos pelo problema da exposição da vida privada à luz do mundo público.

Em um tempo em que as pessoas abrem a sua intimidade ao mundo ao expor sua vida privada através de sites, utilizar *webcams* para fazer de seu cotidiano o cotidiano de outras pessoas, estabelecer uma relação exibicionista-*voyeur*, buscando a todo custo um lugar na sociedade-espetáculo, os problemas apontados por Arendt tornam-se mais graves. À época em que ela apontava para a indiferenciação entre o público e o privado como característica da modernidade e discutia seus efeitos deletérios, não havia internet, *chats* e *webcams* à disposição de todos, para que exibicionistas aspirantes à fama pudessem expor seu cotidiano vazio, transformado em atração fascinante para *voyeurs* não menos vazios, em busca de emoções inusitadas com que preencher a vida também sem sentido e vazia que levavam.

É evidente que a ruptura entre a vida privada e a pública afeta os valores familiares. No mundo de hoje a própria família estrela seus filmes em programas de televisão, expondo seu filhos, hábitos, aspirações. Se Hannah Arendt questiona essa ruptura como causadora de distúrbios no amadurecimento da criança, uma vez que esta necessita da segurança do ocultamento, o que pensar de sua educação e seu desenvolvimento na sociedade-espetáculo, na qual tudo é público, e o que vale é a audiência! A introdução da esfera social entre o público e o privado retira as crianças de seu lugar – o mundo privado da vida familiar –, transformando-as precocemente em atores sociais, o brinquedo transformado em trabalho, a espontaneidade em dramaticidade forçada, a alegria em representação, como diz Arendt.

As crianças foram as últimas a serem emancipadas da privacidade da vida familiar pela modernidade, e, segundo Hannah Arendt, elas são excluídas do mundo dos adultos a pretexto de manter sua independência. Como consequência, são mantidas em um mundo artificial, sem contato com os adultos, emancipadas de sua autoridade, mas submetidas a uma outra bem mais terrível: a tirania do seu próprio grupo, da maioria, contra a qual não podem e não conseguem se rebelar.

Para Arendt, o conformismo ou a delinquência juvenil, ou uma mistura de ambos, é a reação mais frequente que a criança indefesa manifesta diante da ação tirânica de seu grupo, enquanto representante do mundo infantil. Entre tantos outros movimentos opressores, podemos ilustrar isto com aquele que tem aparecido como a tendência atual nas escolas: o *bullying*, terror de tantas crianças que passam a ser tiranizadas, maltratadas, perseguidas, humilhadas, apelidadas de formas extremamente pejorativas, espancadas por grupos chefiados por valentões, tiranos em miniatura, que espalham o terror, levando muitas crianças e muitos adolescentes a saírem da escola, mudarem, fugirem, amedrontados, engolindo sua revolta, seu medo, a injustiça, o ódio.

Os efeitos, no médio e longo prazos, ou até imediatamente, variam da identificação com o agressor ao retraimento; da depressão à fúria, entre outros. Não por acaso a moda *bullying* nas escolas nasceu nos Estados Unidos. E também não por acaso, Arendt abordou o problema da crise na educação nos Estados Unidos e nos países desenvolvidos com a simples questão de saber "por que o pequeno John não sabe ler", para denunciar a ilusão provocada pelo *pathos* da novidade e a falência dos modernos métodos de educação. Nestes, o fazer substitui a aprendizagem, a ação substitui o conteúdo, e o professor não tem de saber o conteúdo que ensina, apenas tem de empregar o método.

Não por acaso também, Mattéi diz que: "A resposta cínica à pergunta de Hannah Arendt consistia talvez no seguinte: o pequeno John não sabe ler porque, em vez de lhe darem um livro, deram-lhe antes uma arma" (Mattéi, 2001, p. 234-5). E não por acaso, os Estados Unidos têm-se celebrizado tristemente por massacres em suas escolas e universidades, provocados por alunos retraídos, problemáticos, revoltados. Não por acaso, a TV americana é pródiga em criar, divulgar e exportar filmes violentos a que as crianças e os jovens, entregues a si mesmos, assistem, na maior parte de seu tempo de lazer. Não por acaso, essa onda se espalha pelo mundo chamado civilizado.

A violência, como exacerbação da pulsão de morte, estimulada pelo contato com a vida social, penetra no seio da família e entra na sala de aula. Em meio à crise de autoridade – tão bem denunciada por Arendt e tão agudizada na sociedade atual, na vida pública, na política, chegando à família –, a violência irrompe na escola, atingindo a figura do educador. Diante da impunidade, da injustiça, da perda de legitimidade por parte daqueles que se colocam no lugar dos pais e mães sociais, da falência dos bons modelos de identificação, é difícil escapar. No Brasil, são aterradoras as notícias de professores agredidos, espancados, maltratados, perseguidos, humilhados, ameaçados de morte por alunos que incendeiam seus automóveis, sua vida, sua alma.

Tais acontecimentos nos remetem à questão da tirania do grupo de que fala Arendt, tão perigosa para a sobrevivência física e psíquica da criança e do jovem. A emancipação da criança, que creditamos a uma ruptura com sua base de apoio, ou seja, o mundo familiar, é uma das responsáveis pelo aumento da criminalidade infantojuvenil, pelos desequilíbrios emocionais, pelos episódios violentos, e até mesmo pela adesão a movimentos totalitários, inspirados na submissão ao grupo.

Erik H. Erikson (1976) fala-nos de globalidade e totalidade ao discutir as origens do totalitarismo em sua relação com o desenvolvimento psicológico, com o processo de construção da identidade. Pressupondo que o totalitarismo está baseado em potencialidades humanas universais, afirma que ele se relaciona com todos os aspectos da natureza humana, saudável e patológica, adulta e infantil, individual e social.

Globalidade, para Erikson, assemelha-se a uma **Gestalt** em que uma mutualidade orgânica e progressiva entre funções e partes diversificadas se associam e se organizam de forma proveitosa. Essa organização se dá dentro de uma inteireza cujas fronteiras são abertas e fluidas. Falamos, portanto, de uma relação em que há liberdade entre as partes, pode-se entrar e sair, ou seja, a globalidade diz respeito a vivências, relações, grupos, situações em que os indivíduos transitam em um espaço de movimento livre. Usando um conceito de Kurt Lewin (1973), eles podem ir e vir sem se aprisionar a uma autoridade, um princípio, uma ideologia, uma força que os submeta.

A totalidade apresenta-se de forma bastante diferente, sugerindo, segundo Erikson, uma **Gestalt** em que os limites absolutos são enfatizados, ou seja, uma vez estabelecido um delineamento arbitrário, nada do que está dentro, do que pertence ao lado de dentro, deve ficar do lado de fora, do mesmo modo que nada do que está do lado de fora pode ser tolerado dentro. Os limites são rígidos, e a totalidade é tão inclusiva quanto exclusiva. Para Erikson, quando o ser humano perde uma globalidade essencial, seja por causa de mudanças acidentais ou do desenvolvimento, é através do totalismo que ele reestrutura a si e ao mundo. Ainda segundo o autor, não se deve considerar esse acontecimento um mecanismo regressivo ou infantil, mas sim uma forma alternativa de lidar com a experiência, ainda que mais primitiva, podendo inclusive, em estados transitórios, apresentar uma qualidade de ajustamento e sobrevivência.

O problema é quando um estado transitório, um ajustamento emergencial, se transforma em finalidade fixa, em caminho a ser seguido. É preciso lembrar da "globalidade" inicial entre a mãe e o bebê, de sua importância não apenas para a sobrevivência do bebê como também para seu equilíbrio e desenvolvimento psíquico. Essa globalidade se inscreve na sociedade "global" (e não globalizada), estabelecendo um sentido de continuidade e uniformidade, que une gradualmente mundo interno e mundo externo.

Erikson denomina o sentido de **confiança básica** à fonte ontológica de fé e esperança que daí se destaca. Como primeira, é também uma globalidade básica em seu dizer, permitindo ao bebê experimentar o interno e o externo como uma bondade correlacionada. Podemos dizer, então, que o amor da mãe flui através das fronteiras entre ela e o bebê, permitindo a experiência de ser amado e acolhido, fundamento da integração, da capacidade de amar e acolher.

Entretanto, quando as experiências de integração não têm êxito, há um desequilíbrio que se caracteriza pela soma de todas as experiências difusas e fracassadas que produzem a **desconfiança básica**. Tal desconfiança pode conduzir à busca de uma solução "total". Pensamos que os grupos de tirania infantil de que fala Arendt podem constituir uma experiência inicial de solução "total", com suas fronteiras rígidas entre o dentro e o fora, com suas imposições e exigência de obediência e submissão. Pensamos ainda que eles começam a brotar na escola, em meio ao processo educativo, oferecendo a falsa sensação de poder e segurança em troca de liberdade e de autonomia.

O problema da tirania do grupo, por si só, suscita uma gama tão ampla de discussões e autores que se transforma em uma questão que não é o objetivo deste trabalho. Entretanto, é impossível não trazermos a contribuição brilhante, fundamental e completamente atual de Salomon Asch (1966), um dos clássicos pilares da psicologia social. Ao tratar, através de um experimento sobre pressão de grupo, das forças coletivas na modificação e na deformação dos julgamentos, Asch chama a atenção para a dependência que a vida social produz em cada um de nós no que diz respeito a nossa compreensão, nosso sentimento e expansão do sentido de realidade. Ao mesmo tempo que dependemos dos outros participantes da ação social, é preciso que cada um de nós dê sua contribuição através de seu próprio sentimento e compreensão, caso contrário o consenso obtido não é válido. Entretanto, nem sempre isso acontece, nem todos exercem seu direito, ou, se exercem, não o fazem adequadamente. Além do mais, muitas vezes, as pessoas são impedidas de expressar sua compreensão e suas intenções pela ação violenta das forças sociais, afirma Asch.

Diante da violência das forças sociais, da pressão do grupo, o indivíduo pode lutar para afirmar sua individualidade; pode se resignar ou se submeter; e, o que é pior, como nos mostra Asch, em seu experimento, o indivíduo pode se unir aos que o oprimem, negando a si mesmo. É praticamente impossível passar incólume pela vida social sem que cada um de nós, em maior ou menor intensidade, não tenha se defrontado com a negação de nossos sentimentos e necessidades. O grande problema são as consequências de tal negação, diz Asch, uma vez que o que somos agora, as relações que estabelecemos com os outros e com nós mesmos têm uma estreita relação com o destino que demos à negação de nossos sentimentos e necessidades. Uma das condições mais importantes para a afirmação de nossa identidade, para a nossa diferenciação em relação ao homem-massa, é a nossa independência, nossa capacidade em reconhecer o que vemos e ouvimos, nossa coragem para confiar em nossas percepções, nossos sentimentos e valores.

Negar o que faz de nós aquilo que somos, confiamos, acreditamos, desacredita-nos, diante de nós mesmos, como sujeitos humanos. E já o fizemos, fazemos ou faremos como efeito do que Asch chama de aspectos dolorosos da influência do grupo, principalmente quando suas pressões nos levam a uma submissão que é contrária aos fatos. As consequências que daí derivam são muito importantes para a teoria e, fundamentalmente, para as implicações humanas que produzem.

Diz Asch (1966)

> O pensamento atual acentuou o poder das condições sociais para provocar arbitrariamente mudanças psicológicas. Essa maneira de pensar considerou a submissão servil às forças coletivas como o fenômeno geral; esqueceu ou implicitamente negou as capacidades humanas de independência e de, sob certas condições, superar as paixões e os preconceitos dos grupos (p. 380).

A atualidade das palavras de Asch faz-se sentir cada vez mais em tempos de pensamento único; internet e Orkut a influenciar opiniões e mentes; influência midiática na construção de ídolos, modelos, ideologias, uniformização de gostos, vontades, opiniões; ausência de pensamento etc. Felizmente, o humano que caracteriza nossa essência ainda é capaz de se erguer em defesa de nossa independência, de nossa autonomia de seres pensantes, de indivíduos que não se diluem na massa, que são capazes de remar contra a corrente, não se deixando arrastar pela maré de lugares-comuns, que em nada contribuem para o enriquecimento e a melhoria da humanidade e da vida social.

Para Asch (1966)

> Ser independente é afirmar o valor autêntico da própria vida interior; submeter-se é negar a evidência dos sentidos para permitir, a si mesmo, a confusão a respeito da vida interior, suprimir a evidência que não pode ser escondida – renunciar a uma condição da qual depende, essencialmente, a capacidade de atuar (p. 418).

Em uma época em que a vida interior se apresenta tão vazia e carente de valores e significados mais elevados, como temos discutido, pode-se perceber que o risco da submissão é maior, como vivenciamos em nosso cotidiano. Há uma fonte de força, de energia psíquica, na pessoa independente, que lhe dá condições de enfrentar uma certa reprovação, a qual implica certamente sofrimento; já a pessoa dependente, como concluiu Asch, não tem habilidade para resistir a outras pessoas ou até mesmo rejeitá-las mantendo sua dissidência através de afirmações pessoais divergentes do grupo.

Como, então, confiarmos nas pessoas e, ao mesmo tempo, sermos capazes de afirmar a nossa própria verdade, dupla exigência que a vida social nos impõe? Asch chama a atenção para as dificuldades do processo de desenvolvimento em sua relação com as influências sociais, que podem enriquecer o mundo pessoal, mas também ferir e enfraquecer o indivíduo, sufocando e impedindo a expressão de seus impulsos. Mais importante é a sua observação sobre os primeiros anos de vida, ou seja: "Como, nos primeiros anos, o indivíduo é particularmente dependente do consenso, pode vir a definir seu eu em função das avaliações que os outros fazem dele e encontrar, nesse processo, uma forma de segurança" (Asch, 1966, p. 420). Temos aqui, claramente exposto, o efeito da tirania do grupo que temos discutido a partir das reflexões de Arendt e os riscos a que as crianças emancipadas pela vida moderna são submetidas. Cabe também pensar que, sob efeito da pressão do grupo, elas podem acreditar ser o que não são e não ser o que são, permitindo que se colem ao seu eu as mais pejorativas e preconceituosas "qualidades" que lhes são atribuídas.

Tratamos apenas de alguns dos efeitos da educação na modernidade, afastada da condução dos valores humanos, desligada da tradição, obcecada por resultados, métodos, vazia de conteúdos, pela obsessão de avaliações quantitativas, por números, porcentagens, ávida por satisfazer as necessidades do mercado, distante da formação humanística que permite ao homem transcender o imediatismo do aqui-e-agora.

A crise da educação, apontada por Arendt como estreitamente ligada a uma ruptura com a tradição, aparece na dissociação com o passado, com a tradição humanística que faz da escola, do processo educativo, muito mais que a transmissão de informações. A escola, como agente do processo educativo, deve ser uma fonte de saber, e não um palco de disputas por métodos e pedagogias que envelhecem quase no momento em que são aplicados, uma vez que tudo é descartável quando se vive no império da novidade, do rótulo.

A perda da continuidade temporal com a exigência do aqui-e-agora rompe não apenas com o passado, com a tradição, com o valor da experiência adquirida, vista como velha e ultrapassada, mas também com o futuro, que passa a ser o presente repetido. Passado, presente e futuro são dimensões do existir humano com tudo o que significam para a história da humanidade e de cada um de nós. A modernidade, a pós-modernidade, a contemporaneidade não podem, simplesmente, decretar a extinção ou a morte da tradição, do passado. E a educação, para ser moderna, não pode ser vazia e superficial, tornando-se mera repetidora de novidades descartáveis.

Crise da subjetividade, esvaziamento do mundo interno, perda dos valores humanos, violência nos relacionamentos, crise do pensamento, da arte, crise da educação, massificação do humano etc. são algumas das questões que viemos discutindo, buscando caracterizar e entender o rompimento progressivo dos laços que, ao mesmo tempo que preenchiam nosso mundo interior de vida, nossos afetos positivos, impulsionavam nos em direção ao mundo externo, ao outro, ao que está além de nós, dando sentido à nossa existência.

Torna-se cada vez mais claro que os caminhos percorridos pela humanidade em sua busca por progresso, felicidade, conforto conduziram, sim, ao progresso –, mas apenas material, tecnológico, científico (e que não alcança a todos, apenas os privilegiados pelo sistema) – e à felicidade artificial, instantânea –, comprada com drogas, medicamentos, objetos, artefatos, todos "ingeridos" como forma de preencher o vazio interior. Ao mesmo tempo, a humanidade está cada vez mais desumana, e a civilização cada vez menos civilizada.

Enriquez (1990), ao analisar a obra *O mal-estar na civilização*, de Freud (1929), afirma que ela se situa sob o signo da tragédia, visualizando a possibilidade do fim da espécie humana em decorrência do processo civilizatório. Ele aponta uma mudança no tom do discurso freudiano que, ao final do texto "O futuro de uma ilusão", deixava no ar uma esperança de reconciliação do homem consigo mesmo e com seus semelhantes através da reflexão científica desapaixonada. Em *O mal-estar na civilização*, diz Enriquez, não há mais reconciliação possível nem a certeza em uma civilização que atinge a era científica, pois, mesmo negando, Freud trata, em seu livro, da morte e da destruição, ou seja, do trágico e da violência, ao introduzir a hipótese da pulsão de morte no domínio da cultura e da civilização.

Freud considera a civilização uma fonte de sofrimento constante, a causa de nossa desgraça, produzindo neuroses à medida que exige a renúncia à satisfação de nossas necessidades vitais, apesar de ele mesmo considerar a necessidade dessa renúncia.

O grande problema para a civilização, entretanto, é a pulsão de morte. Para Enriquez (1990), ela não é apenas a pulsão de destruição específica do ser humano contra a qual a civilização deve lutar. Seus aspectos repetitivos, homogeinizantes e cruéis, suas formas de agressividade contra a natureza, a outros grupos, aos "exteriores ao grupo", suas técnicas de exploração do homem são caracteristicamente inerentes à civilização. Assim, nada do que foi dito até aqui a respeito do estado atual de barbárie civilizatória no qual estamos mergulhados escapa ao domínio da pulsão de morte ou, melhor dizendo, ao seu predomínio na luta contra Eros, a pulsão de vida.

Esse triunfo da pulsão de morte se torna maior à medida que o ser humano se afasta dos caminhos que lhe possibilitam transcender a si mesmo, a sua finitude, a sua esfera de necessidades imediatas, ao mesmo tempo que se atola no lodaçal de seu narcisismo, de sua onipotência, de seus instintos, distanciando-se cada vez mais de si mesmo, do outro, do que está além, do que dá sentido à existência. Se Freud considera a civilização uma fonte de sofrimento por ela exigir a renúncia à satisfação de nossas necessidades vitais, pensamos que o momento atual do processo civilizatório, fazendo a propaganda incessante da busca do prazer como estilo de vida, exigindo o prazer a qualquer preço, faz da negação do sofrimento uma fonte de infelicidade e um obstáculo ao crescimento ético, emocional e espiritual do ser humano. Até porque a vida de prazeres de uma minoria é obtida ao custo do sofrimento da maioria, seja pela exploração do trabalho, seja pela corrupção endêmica sem punição, como acontece especialmente no Brasil.

Temos insistido nessas questões pois acreditamos que o problema não é saber se nossos antepassados foram mais ou menos felizes em seus embates com as fontes de sofrimento apontadas por Freud (1929), ou seja: a fragilidade do corpo, o poder superior da natureza e a inadequação das regras que regem os relacionamentos mútuos dos seres humanos na família, na sociedade, no Estado.

O problema, para nós, é que continuamos a produzir dor, infelicidade, destruição em uma escala cada vez maior, sem o menor respeito pelos semelhantes, pela natureza, por nós mesmos. Torna-se cada vez mais evidente que o progresso científico e tecnológico que alcançamos tem amenizado as dores do corpo, os sofrimentos decorrentes de sua fragilidade para aqueles que têm acesso à parafernália de descobertas daí decorrentes. Mas nem a ciência nem a técnica são capazes de aplacar as dores da alma, a não ser produzindo verdadeiros "anestésicos da alma", "drogas da felicidade passageira e artificial". Retornamos ao ponto de partida deste trabalho: avançamos muito no desenvolvimento científico e tecnológico e deixamos de lado os valores éticos, morais, afetivos, espirituais que devem orientar, fundamentar e alimentar nossa existência para além da busca de conforto material e satisfação ilimitada dos prazeres instintivos.

Pensamento, arte, educação, caminhos, vínculos com a construção de uma vida interior que dê sentido à existência, permitindo ao ser humano ultrapassar as limitações de sua finitude, necessidades, temporalidade, ligando-se ou religando-se ao Criador, à Fonte de Vida, a Deus, seja qual for a denominação que se dê, estão comprometidos. Esse comprometimento, como viemos apontando, deve-se ao próprio narcisismo do sujeito contemporâneo, que colocou um ego grandioso no centro de sua vida psíquica, empobrecendo-a à medida que se acredita autocriado, princípio, meio e fim de todas as coisas, senhor do universo, criador e criatura. A "autoprodução do sujeito", expressão de Mattéi (2001), cortou os vínculos com o transcendente, com os outros, com o mundo, com Deus. O sujeito "aparece" pronto e acabado, expressão máxima de sua onipotência. Essa é a ilusão grandiosa do sujeito contemporâneo, que disfarça ou esconde sua fragilidade e seu vazio em uma imensa e arrogante autossuficiência.

Essa ilusão é tanto maior na medida em que esse sujeito é, na verdade, um indivíduo individualizado, na definição de Enriquez (1994, p. 127), aprisionado na rede de massificação constituída pelo apego às identidades coletivas. Não é um verdadeiro sujeito humano, que busca sair da clausura psíquica, da clausura social e da tranquilização narcísica para se abrir ao mundo e buscar sua transformação, como diz Enriquez. Esse indivíduo individualizado (e individualista), homem-massa ou sujeito vazio, em sua ilusão, ou se desliga de Deus, cortando os vínculos com o Criador que o transcende e com os outros homens apresentando-se como autocriado, ou se deixa seduzir pelo fanatismo religioso, que lhe proporciona uma identidade coletiva, ao mesmo tempo submissa e bárbara.

Enriquez (1994), seguindo uma expressão de Castoriadis, considera que a religião nos institui como seres heterônomos. Dessa perspectiva, somos indivíduos que dependem da existência de um sagrado transcendente, obrigados a lhe render homenagem pelos dons recebidos, ameaçados de exclusão da comunidade quando não o fazemos. Diz Enriquez (1994)

> A religião produz então o "ser-junto", ela nos religa uns aos outros, ela nos protege da angústia do caos primordial e de uma interrogação que poderia apontar o aspecto arbitrário de nossa presença no mundo (seja como ser individual, seja como ser coletivo (p. 71).

A religião tem, então, não apenas um papel dentro do corpo social, vinculando os homens a uma comunidade, mas também religando uns aos outros, protegendo-os da angústia do caos, do nada. Em seu sentido maior, sem as garras da institucionalização, das ideologias, da manipulação política, o sentimento religioso estimula a meditação, a autorreflexão, a expansão dos sentimentos, a percepção da dimensão do humano e a necessidade de buscarmos algo maior fora de nós. Um sentido para a nossa existência, oferecendo-nos um caminho para a transcendência.

O problema coloca-se quando o fanatismo transforma a religião em ideologia, em totalitarismo, em manipulação política, em espetáculo, em mercadoria, em controle de mentes, em obstrução da já deteriorada capacidade de pensar, esvaziando a religião e a religiosidade de sua capacidade de nos conduzir para mais além da finitude do aqui-e-agora. Enriquez (1994) argumenta que o fanatismo encontrou pouco espaço para crescer, enquanto as sociedades, a partir de sua entrada na modernidade, souberam atribuir um espaço ao religioso que não lhes permitia exercer um domínio completo sobre as consciências nem ocupar um papel central na organização política. Entretanto, diz ele, as grandes religiões monoteístas foram se laicizando sem se aperceberem. A fé sincera e manifesta declinou juntamente com a força de convicção das religiões estabelecidas, ao mesmo tempo que o narcisismo e a onipotência do homem dotado de razão foram crescendo, fazendo dele o mestre de si mesmo e o senhor de seu destino, no dizer de Enriquez (1994).

Concordamos inteiramente com Enriquez (1994) ao afirmar que

> quando o reino de um Sagrado transcendente foi se acabando, não assistimos, como acreditaram os grandes autores (em particular Max Weber), ao "desencantamento do mundo", mas à criação de religiões substitutas. Novos Sagrados vão aparecer: o Dinheiro como medida de todas as coisas; o Estado como aparelho separado, regulando e frequentemente dominando a sociedade civil, "introduzindo a unidade na diversidade" (Hegel); o Trabalho como grande integrador (segundo a ótica de Yves Barel); o Proletariado como Salvador messiânico da humanidade, tendo por missão engendrar uma sociedade sem classes, uma sociedade da transparência e da reciprocidade; a Sociedade, ela mesma se admirando na sua capacidade de se transformar e de desenvolver a ciência e a tecnologia, além

de assumir o progresso indefinido do espírito humano (segundo a fórmula de Condorcet) (p. 72).

Algumas dessas religiões, que Enriquez chama de substitutas, fundamentadas em maior ou menor intensidade nesses diferentes sagrados por ele descritos, se desenvolveram no sentido de conduzir os indivíduos a uma idealização tanto da sociedade atual ou futura como também de seus mestres, presentes ou futuros. A consequência dessa idealização, diz Enriquez, é a submissão dos indivíduos "a um imperativo de conduta que, a longo prazo, venha lhes aliviar 'a angústia de pensar' (Tocqueville) e lhes assegure, a qualquer preço, um estado psíquico no qual o conflito não aparece. Essas religiões substitutas nada mais são que as ideologias" (Enriquez, 1994, p. 72-3).

Enriquez faz questão de esclarecer o sentido que dá ao termo ideologia ao falar de religiões substitutas como *Weltanschauung* (concepção de mundo). Entendidas como ideologias totais, dizem respeito a um

> conjunto de valores que tem força de lei, porque ele se designa a si mesmo como expressão de uma verdade científica que não seria posta em dúvida e que fornece aos indivíduos e aos grupos a resposta única e definitiva às questões que a vida os leva se colocar (Enriquez, 1994, p. 73).

Podemos perceber, então, que são vários os sagrados que a sociedade tem a oferecer aos indivíduos que dela fazem parte como objeto de culto, fanatismo, submissão e, fundamentalmente, como instrumentos de manipulação tão mais eficientes quanto maior for a sua capacidade de impedir o homem de pensar, "libertando-o" do peso e da angústia que essa função pode lhe provocar.

Esses sagrados, religiões substitutas, ideologias, apresentando-se como expressões de verdades científicas incontestáveis, se configuram como totalidades, universos fechados que aprisionam suas "comunidades de crentes" prometendo-lhes o paraíso da vida sem o conflito psíquico. Esse estado unidimensional nada mais é que um útero mortífero disfarçado de mãe acolhedora; sem conflito, sem angústia, não há pensamento, não há movimento, portanto, não há vida, a não ser vida vegetativa.

É preciso não esquecer também, como alerta Enriquez (1994), que as ideologias "compactas" que ele discute, tais como as religiões que produzem uma "comunidade de crentes" com características bem marcantes, são cheias de calor para com seus crentes e adeptos e cheias de ódio contra os indivíduos livres-pensadores, heréticos ou descrentes em relação às suas verdades. Elas instalam, assim, uma cisão entre amor e ódio, bem e mal, marcando o que está dentro e o que está fora, que Freud (1921) tão bem analisou ao tratar do narcisismo das pequenas diferenças, principalmente, ao afirmar que um grupo, para sobreviver, necessita de um campo generalizado de guerra, dada a necessidade de projetar o ódio no externo, condição para que o amor possa existir internamente ao grupo.

Pensamos, entretanto, que em tal estado de totalitarismos, o que prevalece é apenas o ódio, e o amor é falso, apenas uma formação reativa, uma ilusão, pois não existe amor onde o *alter*, o diferente, o contraditório, o dialético, não é aceito. A exigência da unanimidade significa a diluição da identidade, a dissolução na massa, a indiferenciação dos seres viventes de Lévinas (2005), incapazes de perceber o rosto do outro, notando-o como tal, e de ter por ele compaixão.

Enriquez defende, no que diz respeito à religião, a tese segundo a qual apenas um pequeno número de pessoas é capaz de viver sua crença não como uma ilusão, mas sim como a única via de acesso do mundo terrestre para o reino de Deus.

> Nesse grupo, diz ele, estão os grandes místicos, os eremitas e os santos, que se nos apresentam como "sábios", "poetas", seres ao mesmo tempo humildes e gigantescos, como heróis (no sentido freudiano do termo), porque eles correram o risco de se desviar da formação coletiva dominante e de fazer do amor de Deus o único amor que vale a pena (Enriquez, 1994, p. 75).

E aos outros, à multidão, o que resta? A resposta de Enriquez é bastante pessimista. Ele acredita que a multidão só pode viver ou aderir a uma religião (principalmente no início de sua formação) quando a intolerância e o apelo ao sacrifício e à destruição são suas marcas características. Com isso, o fanatismo, a capacidade de desenvolver sentimentos fanáticos, é que tornou possível a afirmação das religiões monoteístas e das ideologias "compactas", religiões substitutas.

Vivemos em um mundo instável, diz Enriquez (1994), no qual a angústia se torna o destino comum. Um mundo marcado pela perda de sentido, pela ausência de referência a toda transcendência; por um universo laicizado, carente de fundamento e de preocupação com a salvação do homem; pela guerra econômica impiedosa que desconsidera o ser humano, acentuando tanto o individualismo quanto o coletivismo, às custas do sofrimento psíquico, da miséria, da apatia, do aumento da corrupção. Diante desse quadro, afirma Enriquez, o que os indivíduos fazem é buscar se retirar desse mundo instável.

A busca por reequilíbrio e asseguramento de uma identidade estável é realizada por muitas pessoas e muitos grupos através da religião. Entretanto, essa religião, mostra Enriquez (1994), uma defesa contra o mundo perverso, que só pode ser absolutista, conduz à paranoia partilhada. Por ser absolutista, separa claramente quem está dentro e quem está fora, quem são os aliados, os irmãos e quem são os adversários, criando uma identidade coletiva. Suas consequências são:

a) O desaparecimento do indivíduo

A individualidade é substituída pela identidade coletiva: recebemos um rótulo, uma etiqueta que nos identifica como pertencentes à determinada instituição ou ideologia.

b) O aparecimento do narcisismo das pequenas diferenças

Enriquez retoma Freud (1921), que afirmou que a rejeição ao estranho, ao que está fora do grupo, é uma forma de garantir que o vínculo de amor una aqueles que são membros do grupo. A coesão interna do grupo é mantida às custas dos ataques àqueles que estão fora dele, vistos como diferentes. O narcisismo do grupo é a base da xenofobia, do racismo, do etnocentrismo que presenciamos em conflitos provenientes das mais diferentes espécies de choques intergrupais pelo mundo afora, levando filhos de uma mesma nação a se dividirem em facções, como xiitas e sunitas no Iraque, odiarem-se e destruírem-se até a morte.

c) O desenvolvimento do fanatismo

Enriquez (1994) afirma que o fanatismo surge a partir da intolerância de uma cultura, de seu desejo de unificação e da eliminação ou conversão das outras culturas, vistas como impuras, porque são diferentes. Impelidos pelo ódio e pela alucinação coletiva, os fanáticos acreditam ser a encarnação do bem, encarregados da salvação do mundo, destinados a criar um mundo novo, livre do mal. Para Enriquez (1994), a diluição do indivíduo em um grande todo que não suporta a diferença provocou o ressurgimento do fanatismo religioso, com a função de "dissimular as fraquezas do eu ideal e do ideal do eu, além de permitir atenuar as feridas narcísicas" (Enriquez, 1994, p. 79). Para isso, elas exigem a superidentificação à causa, o superinvestimento no projeto, o bloqueio ou o desaparecimento progressivo da interioridade e sua vontade de salvar o mundo pauta-se deliberadamente por um imaginário enganoso, anunciador de um mundo novo, liberado finalmente do mal, dos "grandes e dos pequenos satãs" (Enriquez, 1994, p. 79).

Enriquez acrescenta ainda que o fanatismo é uma das respostas possíveis ao que ele chama de mal-estar da identificação, e para que ele se fortaleça é necessário que a renovação fanática seja útil e proveitosa àqueles que têm como objetivo controlar ou dirigir a sociedade ou o mundo, o que caracteriza sua dimensão política. Assim, o retorno do absolutismo religioso é sinal de enfraquecimento e não de renovação religiosa, sendo a fé um instrumento que Estados, religiões ou determinados grupos sociais utilizam para exercer o poder e o terror, no dizer de Enriquez (1994), o que faz do fanatismo religioso um instrumento a serviço do fanatismo político. Em seu entender, o fanatismo religioso, sozinho, não leva à exacerbação do poder e do terror.

Há, digamos, um alerta visível nas considerações de Enriquez sobre a religião não apenas em relação à sua associação com a dimensão política, produzindo terror, como também em relação ao caráter ilusionista que ela pode adquirir para um grande número de pessoas, aspecto tratado por Freud (1927) ao considerar a religião como ilusão. Assim entendida, a religião passa a ser a expressão dos desejos de seus adeptos e um impeditivo para a atividade de pensar.

Não é nosso propósito alongarmos essa discussão, e sim ilustrarmos uma situação que é muito mais profunda e grave a respeito da manipulação da fé e também do desenvolvimento, por parte de alguns grupos, de um verdadeiro fanatismo e intolerância em relação a outros grupos religiosos, com ofensas e agressões dirigidas aos que professam outras crenças religiosas.

Consideramos o sentimento religioso, não necessariamente a religião enquanto instituição, dados alguns dos problemas e riscos que já apontamos, um caminho para a transcendência. Não somos tão pessimistas quanto Enriquez, que considera que apenas uma pequena minoria de pessoas iluminadas é capaz de viver sua crença sem percorrer o caminho da ilusão, apesar de reconhecermos o poder e o fascínio que a ilusão exerce sobre as pessoas e a propriedade das palavras de Freud. De qualquer modo, é importante que o ser humano perceba que ele não é autocriado e que há um poder infinitamente maior que o ultrapassa e dirige o universo. É preciso olhar além do próprio umbigo para fugirmos à barbárie. Mesmo Enriquez afirma que em certos casos a religião pode assumir um papel desalienante.

Ele diz ainda que os "valores religiosos, na medida em que favorecem uma relação com um sagrado transcendente não colocado a serviço de uma vontade política de dominação, devem ser levados em consideração, tanto quanto outros tipos de valores" (Enriquez, 1994, p. 82).

Pensamos que os valores religiosos devem estar a serviço apenas da relação com um sagrado transcendente como uma das fontes de resgate de nossa humanidade.

CAPÍTULO II

PARA ALÉM DA BARBÁRIE: CAMINHANDO ENTRE A PSICOLOGIA SOCIAL E A PSICANÁLISE:

- a construção da subjetividade
- os modelos saudáveis de identificação
- a ética humanista e o amor

> "A saída é pela porta. Por que não se usa esse método?"
>
> *Confúcio*

> "Quando o coração do homem está fechado não se pode alcançar sua razão."
>
> *M. Gandhi*

A contemporaneidade coloca-nos diante de um grande desafio: reverter o estado de barbárie ao qual nossa civilização chegou. Apesar das limitações deste trabalho, as questões discutidas até aqui apontam para uma crise da humanidade, da subjetividade, da sociedade contemporânea, sintoma de uma humanidade doente, que produz uma sociedade doente, estimulando a pulsão de morte, a manifestação cada vez mais destrutiva e violenta do ser humano.

A vida social como ponto de intersecção entre o psíquico e o social, palco das interações humanas, campo privilegiado da psicologia social, espalha essa doença que se caracteriza para nós como uma doença dos afetos, dos sentimentos, da falta de amor, uma doença da ética, uma doença da alma. Doença que nos leva a matar e a destruir por motivos banais ou até mesmo sem motivos, o que é o mesmo. Assassinamos sonhos, desejos, negando e esvaziando subjetividades. Matamos o nosso próximo seja pelo movimento de nossa mão que agride, seja pela sua omissão ao não a estendermos ao outro.

Como Midas modernos, a nossa ambição de transformar tudo em ouro (lucro) ou em objeto de consumo faz com que o nosso "toque civilizatório" congele ou esterilize tudo o que tocamos. Educação, arte, cultura, política, tudo o que encanta e enobrece o nosso espírito e desperta nossos melhores sentimentos, aumentando nossos conhecimentos, como denuncia a Escola de Frankfurt e seus seguidores, foram "desencantados" pela racionalidade, pela técnica, pela indústria cultural, pelo mercado.

Comercializamos e vulgarizamos a arte, a educação, a cultura, a religião e usamos a política como instrumento de dominação, opressão e manutenção de privilégios, e não como um caminho para promover a justiça, a igualdade, a democracia, a liberdade, o crescimento. Destruímos muitas vezes porque negamos nossa destrutividade, racionalizando a existência e a dimensão de nossa pulsão de morte, que Melanie Klein tanto investigou. A nossa incapacidade de controlar nossas forças destruidoras é tão grande quanto a dificuldade que temos para valorizar e tentar desenvolver nossa afetividade, massacrada pelo excesso de racionalidade. Piaget (1967), o grande pesquisador da inteligência humana, afirma

Ora, toda conduta supõe instrumentos ou uma técnica: são os movimentos e a inteligência. Mas toda conduta implica modificações e valores finais (o valor dos fins): são os sentimentos. Afetividade e inteligência são, assim, indissociáveis e constituem os dois aspectos complementares de toda conduta humana (p. 21-2).

Entretanto, nossa civilização continua a reduzir a subjetividade ao cognitivo, à racionalidade (quase sempre racionalização), à técnica, e a desprezar o mundo dos sentimentos. Negados, relegados a segundo plano, mas não eliminados, os sentimentos irrompem e explodem na vida social, no campo das relações humanas, desumanizando as relações, barbarizando a vida social. Não dá para negar as evidências: a explosão tem sido quase sempre de Tânatos, a pulsão de morte, e não de Eros, a pulsão de vida, o grande construtor e integrador.

O bem mais precioso de nossa humanidade, o amor (ao lado do conhecimento, comandando, ambos, a evolução ética e espiritual do ser humano), permanece dentro de nós, sufocado pela barbárie destrutiva que nos mantém cegos ao autoconhecimento, estranhos a nós mesmos. Precisamos construir ou refazer os caminhos que nos permitem chegar ao amor que carregamos, ainda que adormecido ou apenas despontando no fundo de nossa alma. Sob a forma de fraternidade, solidariedade, aceitação das diferenças, empatia, gratidão, respeito, justiça, o amor metamorfoseia-se, curando as feridas causadas pelo ódio, violência, miséria, submissão, subjugação, indiferença, exploração, maldade, desumanidade. Feridas deixadas pelo nazismo, com seus terríveis campos de concentração; pelos totalitarismos, autoritarismos e todos os "ismos" desumanos que a perversão política criou sob a forma de barbarismos.

O caminho que percorremos e que propomos vai do ser humano à vida social, do que se constrói entre o psíquico e o social, entre o um e o outro, o um e o si mesmo, das relações entre o destino do indivíduo e o destino da sociedade. Priorizamos o aspecto afetivo da interação humana na construção da subjetividade, nas trocas entre o sujeito e o mundo na busca de um mundo mais saudável, de um sujeito mais humano. Consideramos indispensável trabalhar com um conceito mais complexo e rico de natureza humana e interagindo com a vida social, aprofundando a análise oferecida pela psicologia social.

Duveen e Lloyd (1986), em um artigo sobre o significado das identidades sociais, afirmam que o limite da construção do conceito de identidade social está em que ele não descreve a identidade psíquica dos indivíduos. Desse modo, ele não permite uma compreensão da excepcionalidade, da singularidade dos seres humanos. Os autores acrescentam que Piaget, ao fazer uma distinção entre sujeito epistêmico e sujeito psicológico, busca destacar que sua teoria do processo de cognição se preocupa com as comunalidades entre os indivíduos, e não com suas diferenças.

Duveen e Lloyd acentuam, então, que as identidades sociais aparecem como intersecção entre comunalidades e diferenças, propondo que a psicologia social considere, em suas análises, a existência do sujeito epistêmico, do sujeito sociopsicológico e do sujeito psíquico. Concordamos com os autores e pensamos também que essas comunalidades e diferenças devem ser levadas em conta pela psicologia social quando se trata da interação humana. E que ela deve trabalhar com um modelo de sujeito epistêmico, fundamentando-se em um construto que reflita as comunalidades, ou seja, que contenha as possibilidades do ser humano como espécie.

Essas possibilidades dizem respeito à capacidade que o ser humano tem de se desenvolver afetiva, cognitiva, moral e socialmente. Referem-se à inteligência, à simbolização, ao crescimento afetivo-emocional, ao desenvolvimento ético, ao viver em sociedade, à utilização da linguagem, à capacidade de amar e trabalhar, como diz Freud, e de modificar o meio.

É o sujeito concreto, o sujeito vivido, aquele que participa da vida social, que pode realizar as condições que o modelo de sujeito epistêmico contém. Esse sujeito vivido, atuante, não é apenas um sujeito sociopsicológico. Ele é também um sujeito psíquico, com suas especificidades, sua vida mental, seu mundo interior habitado por objetos e fantasias inconscientes, que ele carrega para a ação, que interferem em sua forma de ver o mundo, em suas relações. A introdução do sujeito psíquico no âmbito da psicologia social contribui para enriquecer a compreensão do sujeito sociopsicológico. Das comunalidades passa-se para as diferenças, para o que caracteriza o ser humano como singular.

A natureza humana não é algo pronto e acabado que se impõe ao meio desde o seu início. Não é também o resultado da imposição pura e simples do meio sobre ela, como se pudesse ser reduzida a um vazio que o meio preenche, como queriam (ou querem?) os adeptos da teoria da tábula rasa.

A identidade que caracteriza o ser humano é, na realidade, o resultado de um processo de construção, de desenvolvimento. A natureza humana desenvolve-se graças aos processos de interação entre o psíquico e o social. Como diz Sartre, a existência realiza a essência, a possibilidade de ser humano. É na interação que a subjetividade se constrói e que o existir humano adquire significação.

O motor dessa troca, dessa relação homem-mundo é a necessidade e o desejo em busca de satisfação. É a busca da fonte de satisfação que torna possível um psiquismo aberto, uma saída da posição narcísica original em busca do objeto que está fora. E buscamos a gratificação quando sentimos a falta, a lacuna, a ausência, quando falhamos em nossa onipotência, em nosso sonho de autossuficiência.

Ainda que narcisicamente feridos, abre-se uma brecha em nosso psiquismo, e nós nos voltamos para fora, para o mundo social, para o outro, o *alter*, o diferente de nós, o que frustra e gratifica, para Deus, a luz do mundo. É preciso sair da caverna e do reflexo especular que ela nos apresenta e representa, libertar nossa alma das limitações fantasiosas do narcisismo e da corporeidade. Ir além, vincular-se, transcender é um processo que se inicia cedo e dura toda a existência daqueles que são meros seres viventes, diluídos da massa da submissão e da heteronomia da vontade.

O objeto da necessidade e do desejo existe, mas está fora, no mundo, na mãe, inicialmente. Assim, já na experiência primeira do sujeito (bebê), a ação do outro (mãe) carrega uma função. É uma ação significante e portadora de uma complexa rede de relações sociais. Pode-se dizer, ainda, que, como ação significante, o outro carrega uma sentença em relação ao sujeito desejante. No instante da relação, é ele quem frustra ou gratifica, ainda que esse outro, por ser portador de uma história, se transforme também em instrumento, em veículo de uma negação mais ampla, que muitas vezes ele carrega e repete como se fosse sua.

Estão presentes os dois aspectos fundamentais do ser humano: o pulsional e o social. O pulsional põe em movimento o organismo em busca do outro, que pode reconhecer o desejo ou gratificar o desejo de reconhecimento, como propõe Enriquez (1990), ao apelo para ser confirmado em sua existência, em sua identidade. É preciso reconhecer o peso do pulsional como fundamento do psíquico e do social, movendo a dialética da relação do sujeito com o mundo externo, buscando o outro. Como diz Enriquez (1990), torna-se indispensável recorrer-se à teoria das pulsões e dos processos identificatórios para compreender as duas ordens de realidade em que vivemos: a realidade psíquica e a realidade social.

Se a teoria das pulsões e dos processos identificatórios (introjeção de modelos) fundamenta essas duas ordens de realidade é porque elas estão intimamente relacionadas, em permanente interação, influenciando-se mutuamente. Há um psíquico no social e um social no psíquico, cada um com suas especificidades. Através dos mecanismos de introjeção e de projeção, de identificação introjetiva e projetiva, o interno e o externo, o psicológico e o social interagem. Amor e ódio, construção e destruição, inveja e gratidão, culpa, onipotência permeiam a troca entre o indivíduo e o meio, impregnando a vida social com um colorido especial e fantasmático, carregado de aspectos inconscientes, afetivos.

Psicologia social e psicanálise caminham juntas em nossa busca de compreensão para os problemas da interação humana, das relações dos homens com o mundo, dos tipos de vínculos que são criados. E também em nossa busca de alternativas, propostas, contribuições para arrancar o manto obscuro da barbárie que põe em risco a sobrevivência de nossa humanidade e da sociedade contemporânea.

Freud (1921) já havia nos dado os motivos para essa aproximação entre a psicologia social e a psicanálise ao afirmar que

> O contraste entre a psicologia individual e a psicologia social ou de grupo, que à primeira vista pode parecer pleno de significação, perde grande parte de sua nitidez quando examinado mais de perto. [...] Algo mais está invariavelmente envolvido na vida mental do indivíduo, como um modelo, um objeto, um auxiliar, um oponente, de maneira que, desde o começo, a psicologia individual, nesse sentido ampliado das palavras, é, ao mesmo tempo, também psicologia social (p. 91).

Entendemos como fundamental a interface psicanálise/psicologia social, com um aprofundamento e uma ampliação desta última, trazendo o inconsciente para o campo da interação humana, desmistificando o fetichismo de um social vazio de pulsões, o que é impossível, dada a presença do humano em toda a parte. Enriquez (1990) acrescenta que Freud nos oferece uma perspectiva inovadora, contribuindo para fundar uma psicologia social que leve em conta tanto os comportamentos reais quanto a realidade fantasiada, buscando o vínculo que une esses dois modos de realidade e que necessariamente passa pelo "outro", que aparece como modelo, objeto, apoio e adversário, como ele esclarece.

Esse "outro" é fundamental em nossa discussão. É o outro que está também no social, no mundo externo e que no início é a mãe, o que nos leva às brilhantes contribuições de Melanie Klein. Depois se amplia em tantos outros que permeiam nossas experiências de vida. Pode ser construtivo ou destrutivo, invejoso ou grato e colaborador, narcisista ou altruísta e já não está mais somente fora. Passa para dentro, transforma-se em modelo, objeto, que habita nossa vida mental, está na base das identificações que constituem nosso ego e é colorido pelas nossas fantasias quando o internalizamos. E está na base de nossos padrões de interação de como, muitas vezes, reagimos a determinadas pessoas, amalgamadas a nossos conteúdos afetivos, inconscientes, que são projetados no social. E reintrojetados, com um colorido mais forte, mais fantástico, com a cor da fantasia social, dos conluios coletivos. Interno e externo em contínua interação, em um ciclo que não se esgota.

A trajetória biográfica de cada ser humano, em seu processo de desenvolvimento, equivale à ação de Janus Bifronte, com suas faces opostas, símbolo tão caro a Freud, a ponto de sua estátua estar sempre presente na mesa do fundador da psicanálise. Passado e futuro, começo e fim, vida e morte. Eros e Tânatos, forças que se alternam em predomínio, que se opõem, e de cujo equilíbrio depende a própria vida.

Eros, ou o predomínio da face do amor e da vida, possibilita a internalização de um modelo construtivo saudável, de identificação, fundamento para a interação humana amorosa, para a práxis social construtiva. Os conteúdos vivenciais experimentados a partir da relação dialética mãe-bebê e constituídos sob o predomínio de Eros tornam possível enveredar pelo caminho da saúde mental, da integração, do crescimento do humano em cada um de nós.

O grande problema a enfrentar é como fazer triunfar a face do amor, sobrepondo-a a todas as condições que estimulam o crescimento da pulsão de morte em nossa sociedade. Acreditamos em um caminho que sabemos ser difícil, demorado, sofrido, mas capaz de nos conduzir a uma transformação na direção de nosso crescimento ético, afetivo, moral, espiritual. O processo de construção da subjetividade, os modelos saudáveis de identificação, o interjogo psíquico-social, a ênfase no autoconhecimento e o amor tecendo os fios de sustento dos vínculos que estabelecemos com os outros, com a vida, com a nossa história são os fundamentos dessa transformação.

Discutimos o que consideramos ser um estado de barbárie civilizatória, caracterizada pela crise da subjetividade (interioridade vazia, habitada por um ego narcísico); pela violência; pela desumanidade; pela ausência de valores absolutos, que transcendam a pequenez do imediato; pela crise na educação, no pensamento etc. Acreditamos que o problema está dentro de nós. E a solução também. Afinal, é o ser humano quem habita o social e projeta nele suas pulsões, mortíferas ou amorosas; é ele quem estabelece as leis, a economia, a política e dirige as instituições. Já dissemos: social que se move por si só é fetiche. O que está fora vem de dentro, projeta-se, reintrojeta-se, projeta-se novamente de forma modificada.

Desejos, vontades, ambições, hostilidades, inveja, amor, ódio, bondade, gratidão, os sentimentos destrutivos ou amorosos estão impregnados nas estruturas sociais, criando-se a atmosfera psicossocial na qual vivemos. É preciso interromper a compulsão à repetição, o círculo vicioso que se estabelece entre o mundo interno e o externo na repetição reforçadora da pulsão de morte, aumentando as projeções amorosas para além do mal. Para tanto, é preciso partir do início, observar e compreender as condições necessárias para se promover a saúde mental no sentido proposto por Money-Kyrle (1978), ou seja, o estado da mente que conhece a si mesma, que alcança a maturidade psíquica.

Klein (1975), por sua vez, alerta-nos para o seguinte

> Ao considerar do ponto de vista psicanalítico o comportamento das pessoas no seu ambiente social, é necessário investigar como o indivíduo se desenvolve desde a infância até a maturidade. Um grupo – seja pequeno ou grande – consta de indivíduos num relacionamento recíproco e, portanto, a compreensão da personalidade é o fundamento para compreender a vida social (p. 1).

Acompanhamos o pensamento de Klein e, da mesma forma, consideramos a compreensão da personalidade uma condição fundamental para o entendimento, a compreensão e a possibilidade de transformação da vida social no caminho da construção de um mundo melhor: mais amoroso, mais humano, mais ético e, consequentemente, mais solidário e mais justo. Temos de entender, então, o psíquico e o social que atuam no processo de construção da subjetividade. A primeira experiência de interação do ser humano, ponto de partida desse processo, é, fundamentalmente, uma experiência de intersubjetividade. Essa experiência, que precede a subjetividade, se inicia com um objeto (mãe) e um bebê que se fundem inicialmente como se fossem um só para originar um eu individual e separado.

Essa interação primeira, gênese de toda subjetividade, envolve indivíduo e meio. Pensar o que é do indivíduo (bebê) como organismo biopsíquico leva-nos a pensar também nas condições mínimas necessárias para que haja interação. E a levar em conta a existência de um modelo de sujeito ideal (sujeito epistêmico), que nos aponta para as possibilidades da espécie humana. A troca do organismo com o meio não se dá apenas em nível biológico. O crescimento do ser humano deve chegar ao âmbito das trocas simbólicas, envolvendo a dimensão afetiva com todas as suas implicações, a dimensão ética e a moral. Será que estamos atualizando as capacidades de que nossa espécie é portadora em essência? A ênfase que nossa sociedade dá ao cognitivo, o desprezo pela ética, pelos valores, a desconsideração pelo crescimento amoroso, o desestímulo à pulsão de vida respondem que não.

Uma interação verdadeiramente humana deve se caracterizar pela representação do outro dentro de nós sem nos confundirmos com ele; em reconhecermos seu rosto, como propõe Lévinas; em dar-lhe um lugar no sistema simbólico, em aceitá-lo como um diferente enquanto ser desejante, mas igual enquanto direito ao desejo, reconhecendo-o como sujeito de sua própria história.

Nessa troca, pensar o social ou o meio inicialmente representado pela mãe é pensar que é nele onde estão os modelos de identificação. São esses modelos que, ao serem internalizados pela criança, farão parte da estrutura de seu ego, orientarão sua personalidade, seus padrões de interação.

A mãe é, então, um ser psicológico, desejante, com as especificidades características de sua personalidade, e é também representante do social, transmitindo aquilo que incorporou em sua história pessoal. Isso se dá basicamente pelo superego, como mostrou inicialmente Freud e, posteriormente, Klein aprofundou. Há a figura da mãe (e da família) como representante do meio, daquilo que também faz parte de seu inconsciente, daquilo que internalizou e que se repete. Mas ela não é só repetição, reprodução, perpetuação do *status quo*.

Assim, se levamos em conta um bebê que traz as condições internas para se desenvolver, é obrigatório dizer que elas não bastam, que são necessárias, mas não suficientes; ele precisa de outras, que lhe são externas. Invocando Arquimedes, afirmamos (Damergian, 1989) que o bebê necessita de pelo menos um ponto fixo para construir o seu universo. Esse universo é, para nós, o seu mundo interno, a sua identidade. O ponto fixo é o objeto bom que lhe deve ser oferecido pela mãe (ou substituta), alguém que o meio social deve providenciar. Sem isso, o núcleo do ego não se estrutura de forma saudável e a personalidade é marcada por fraturas em seu desenvolvimento, a identidade não se constrói saudavelmente.

O ponto fixo é o objeto bom, a mãe amorosa, que deve se constituir em núcleo do ego, estimulando a pulsão de vida, impulsionando o crescimento do amor na personalidade do bebê. Mas ele é mais que isso. Na verdade, sem a mãe ou alguém que exerça as funções maternas, a criança não sobrevive. A nossa arrogância esquece-se de que somos absolutamente dependentes daquilo que a psicanálise chama de os primeiros objetos de nossa interação. Na verdade, somos mais dependentes, sem eles não sobreviveríamos.

O mundo social, externo, dispõe, portanto, de outra condição vital para o ser humano: os objetos de suas necessidades e seus desejos. Se a pulsão é interna, os objetos aos quais ela se dirige pertencem ao mundo externo, fazem parte da vida social e é só aí que as necessidades e os desejos podem ser satisfeitos. A mãe que oferece o seio e o leite que alimenta é a primeira fonte de satisfação da necessidade. E é também o primeiro objeto de desejo. Os vínculos e as relações sociais que o ser humano estabelece têm, então, como motor a necessidade e o desejo, especificidades do sujeito que movem a dialética de sua interação com o meio.

Esse objeto externo, entretanto, não é internalizado passivamente, pois sofre a influência das fantasias inconscientes do bebê, das pressões instintivas que atuam dentro dele, das angústias derivadas da pulsão de morte, da passionalidade de seu amor pela mãe, odiada quando frustra seus desejos de gratificação. Como acentua Klein (1975), o mundo interno é, em parte, um reflexo do mundo externo, e não uma cópia fiel da realidade externa. Assimilamos e incorporamos ao nosso mundo interior os dados dessa realidade externa com o colorido de nossas fantasias, de nossa capacidade para amar ou odiar.

As particularidades do meio, representado primeira e fundamentalmente pela mãe, também têm grande influência no processo. O ambiente facilitador, amoroso, é uma condição essencial para que a personalidade cresça em uma direção saudável. A mãe suficientemente boa, o seio bom, a mãe capaz de efetuar a *rêverie*, são expressões empregadas por Winnicot, Klein e Bion, para designar a mãe capaz de ser continente para as angústias do bebê. Capaz também, diríamos, de oferecer um ponto fixo, um ponto seguro que acolha e alavanque o crescimento emocional do bebê. O meio pode atuar também como tristemente mortífero para ele quando a mãe ou representante é incapaz de continência, acolhimento, quando motivos psicológicos, sociais, econômicos, basicamente a falta de amor, dificultam o estabelecimento desse primeiro e fundamental vínculo.

O meio pode favorecer ou dificultar o desenvolvimento. O que ele não consegue é proporcionar um crescimento que vá além do que o bebê é capaz de alcançar. Aqui ele esbarra nas especificidades do indivíduo, em suas limitações, no *quantum* de sua pulsão de morte, como diz Klein. Entretanto, ela acentua a importância absoluta do objeto amoroso, do entorno acolhedor e facilitador como condições capazes e necessárias para minorar a pulsão de morte. Antes do nós, vem o eu. Mas antes do eu, vem o uno, a fusão, a ilusão de totalidade com a mãe. No princípio, era a fusão... O bebê e a mãe. O estabelecimento dos limites da identidade, o começo da diferenciação eu-outro, vem com a experiência de frustração imposta pela mãe. Quebra-se a ilusão da fusão com o objeto aos poucos; o corte não pode ser abrupto provocando uma ferida incurável. O objeto não é do bebê e nem é o bebê. Sua disponibilidade é relativa, depende da mãe ou da fantasia, que traz a satisfação ilusória.

Quando a mãe, captando inconscientemente as necessidades do bebê, o satisfaz prontamente, ela gratifica sua ilusão de fusão, a onipotência infantil. A sensibilidade da mãe amorosa permite a sobrevivência psíquica (às vezes, até física) de um bebê frágil e dependente. Permite que ele seja um deus, que possa tudo, que suas fantasias lhe proporcionem todas as alegrias e que não se dê conta de sua fragilidade, de seus temores, até que tenha condições para tanto.

Muitos, entretanto, passam a vida toda assim, deuses-bebês onipotentes, mantidos por mães excessivamente gratificadoras, repetindo e buscando a realização de suas fantasias primitivas, marcando sua interação com os outros, com a vida social, por atuações desastrosamente infantis e destrutivas.

Assim, já na experiência primeira do sujeito (bebê), a ação do outro (mãe) carrega uma função. É uma ação significante, afetiva e portadora de uma complexa rede de relações sociais. Em sua ação significante, o *alter* carrega uma sentença em relação ao sujeito desejante. É ele quem frustra ou gratifica, adequadamente ou não, e, por possuir uma história, é ele também o veículo de uma negação mais ampla, que muitas vezes conduz e repete como se fosse sua.

E é pela oposição, pelo enfrentamento, pela frustração, que se pode crescer, contatar com a realidade, distinguir a fantasia da experiência externa, estabelecer uma relação dialética com o mundo externo por meio da organização e da ampliação da experiência de interação com a mãe. Essa organização da experiência é básica, tanto afetiva quanto cognitivamente, pois precede todo tipo de representação, que só é possível à medida que a criança percebe o limite entre sua ação e as propriedades do objeto. Isso lhe permite estruturar o mundo a partir de um ponto estável, delimitando o que ela é e o que não é, uma vez que os objetos resistem à sua ação, não se confundindo com ela.

Na relação mãe-bebê, temos, então, o princípio de todas as trocas, de todos os vínculos, e a inserção do social e de suas contradições na estruturação da subjetividade. O psicanalista Alfred Lorenzer (1976) desenvolveu um trabalho fecundo nesse sentido, procurando superar as lacunas deixadas por biologistas e freudomarxistas a respeito do vínculo indivíduo-sociedade. Lorenzer parte das necessidades corporais da criança que são vistas como produtos de uma dialética real entre ela e o ambiente socializador. O seu ponto de partida está nas primeiras e mais primitivas experiências de vivência, ou seja, na etapa de embrião. Ele observa que não se pode esperar que o bebê atravesse um processo unitário de desenvolvimento, ainda que se conjeture a existência de um mundo social ideal em que tenha nascido, realidade bastante improvável.

Interessa-nos aqui destacar a ideia de Lorenzer segundo a qual as contradições sociais, à medida que atuam como mediadoras do ajustamento entre a mãe e o bebê, penetram diretamente nesse ajustamento determinando as estruturas subjetivas. Como resultado, temos formas contraditórias de interação que traduzem experiências perturbadoras da interação humana, como diz Lorenzer. Constituem-se, assim, de sua perspectiva, as fraturas na subjetividade, pontos de perturbação no desenvolvimento. Ele considera que essas fraturas são o resultado de uma perturbação que já existia na mãe e em outras pessoas que participaram do processo de socialização.

Lorenzer sustenta que a mediação social tem um significado maior que o oferecido pela fórmula culturalista da influência do meio. A **práxis materna** é parte da **práxis social** da sociedade global, uma vez que a mãe se encontra em uma trama social. Ela é a via pela qual o social é inserido no psicológico. Por sua vez, ela é o resultado da socialização sofrida pela mãe, e assim retrospectivamente. Monta-se uma biografia que é a história do indivíduo, da família e da sociedade em que se está inserido historicamente.

Lorenzer assinala que a díade mãe-filho constitui uma relação recíproca, e não um processo de moldagem unilateral. Do ponto de vista psicanalítico, essa contraposição entre a mãe e o organismo infantil é um processo dialético, concepção que deriva da tese fundamental da psicanálise, ou seja, a determinação pulsional de toda vivência. A pulsão, diz Lorenzer, é imanente à vivência, fundamento dos conteúdos psíquicos desde os estados emocionais não estruturados até os atos racionais elaborados. Ele acredita que é no ajustamento às necessidades internas do bebê que se constitui tanto um perfil de pulsões quanto o "horizonte circundante".

Lorenzer coloca toda a ênfase no ajustamento sobre formas de interação como processo constitutivo da subjetividade. Se as pulsões, fundamento dos conteúdos psíquicos, são próprias da natureza do sujeito, seu destino é, ao mesmo tempo, o das relações de objeto. Desse modo, ele traz para a díade específica que se estabelece entre a mãe e o bebê a possibilidade de uma influência modificadora sobre as pulsões. A individualidade constitui-se, então, em cada forma particular de interação.

As concepções de Lorenzer levam-nos a pensar na qualidade da interação mãe-bebê e na espécie de subjetividade que daí deriva. Se existe a possibilidade de uma influência modificadora sobre as pulsões, por que agimos na direção do fortalecimento da pulsão de morte? Entre outros aspectos importantes a superar, consideramos extremamente importante superar a crise dos modelos identificatórios. Eles se enraízam em nosso inconsciente e atravessam toda a nossa história, muitas vezes fazendo-nos prisioneiros do passado. A mãe deve ser o primeiro e fundamental modelo identificatório amoroso, o ponto fixo, o seio bom no entender de Melanie Klein. Se assim o fizer, seu amor poderá atenuar a pulsão de morte quando esta se apresenta mais forte na vida psíquica do bebê. Mas é preciso que o meio circundante, o que vem da vida social, também ofereça modelos saudáveis de identificação como uma influência modificadora de natureza construtiva sobre as pulsões, e estamos longe de alcançar essa condição. É preciso não esquecer também, como acentua Lorenzer, que a práxis materna (o exercício da maternagem) está inscrita na práxis social da sociedade global, o que faz do exercício da maternagem uma necessidade de superação em relação às contradições sociais.

O afeto, para Piaget (1967), é o aspecto energético da estrutura, o conteúdo, a condição prévia necessária e suficiente para dar vida à forma. Podemos dizer, nesse sentido, que as teorias psicanalíticas se constituem uma explicação do energético, ou seja, da afetividade. Entendemos o energético em seu sentido positivo como a pulsão de vida. Assim, que ela seja mais forte no bebê do que a pulsão de morte e permita o impulso para o objeto (mãe) que lhe garante a sobrevivência.

Dessa perspectiva, a mãe não é só o objeto externo, é o energético positivo, o ponto fixo, o amor, necessário para que o bebê construa seu mundo interno e sua subjetividade de forma integrada, construtiva, saudável. Podemos pensar aqui nos conceitos de valência e no espaço de vida de Kurt Lewin (1973). A mãe, como ponto fixo, situa-se no espaço de vida do bebê como uma valência positiva. Assim, entre os acontecimentos possíveis para o bebê no momento dado, no seu aqui-e-agora, está o objeto bom, o seio bom de que fala Klein, o amor.

Se a pulsão de vida for predominante, o amor da mãe e a sua bondade ajudarão o bebê a superar as vicissitudes de seu processo de desenvolvimento, dando-lhe condições para desenvolver o amor, a bondade (aceitando o amor e reconhecendo a bondade do objeto), internalizando o objeto bom no núcleo de seu ego, como mostra a teoria kleiniana. Klein (1975) acentua a importância das condições internas do bebê (pulsão de vida mais forte que a pulsão de morte) atuando na internalização e na troca com o objeto amoroso como fundamentais para a constituição de uma subjetividade predominantemente solidária. Como tal, caracteriza-se pela superação da inveja, que é ultrapassada pelo desenvolvimento da gratidão; pela capacidade de empatia; pelo sentimento de culpa que a leva a reparar ou evitar ações destrutivas. Ao enfatizar o papel da bondade na estruturação do caráter, Klein aponta-nos para o papel do amor como constituinte básico da ética, questão que será retomada e desenvolvida por Money-Kyrle.

Klein acentua a importância da troca amorosa entre o bebê e a mãe também pelos efeitos positivos que essa relação trará para a vida social. Assim, uma criança capaz de tolerar a frustração necessária e inevitável que o processo de desenvolvimento e a educação exigem e que a mãe sensível é capaz de impor de forma equilibrada, é capaz de suportar, quando adulta, situações de frustração sem ressentimento excessivo e sem se desequilibrar. Por outro lado, crianças que reagem quando pequenas com intenso ressentimento quando frustradas, subestimam, segundo Klein, a bondade recebida, reagindo com grande amargura diante de quaisquer falhas e restrições de seu ambiente. Consequentemente, projetarão seus rancores nas pessoas à sua volta, o mesmo fazendo como adultos.

Sabemos bem como se comportam as pessoas que não toleram a frustração, como os adultos arrogantes, prepotentes e narcísicos que poluem o campo psicossocial no qual vivemos. Klein descreve e explica brilhantemente como se dá essa "poluição psíquica" através das projeções hostis de pessoas que lançam toda a culpa de seus insucessos sobre o mundo exterior. A projeção do rancor desperta em nós, como defesa, um sentimento de hostilidade, o que nos leva a desgostar dessas pessoas, parecendo-lhes ainda mais hostis. Com isso, sua persecutoriedade aumenta em relação a nós, criando-se e mantendo-se o círculo vicioso dos desentendimentos nas relações humanas.

Por outro lado, diz Klein, quando a ansiedade persecutória é menor e se projeta e atribui bons sentimentos aos outros, cria-se a base da empatia (sem a qual não há solidariedade). Nesse caso, a resposta do mundo externo é diferente. Há pessoas que têm a capacidade de se fazerem amadas, dão-nos a impressão de confiarem em nós, despertando-nos um sentimento de amizade. Consequentemente, a atmosfera psicossocial torna-se impregnada de bons sentimentos, que introjetamos, ou reintrojetamos (da mesma forma como fazemos com os sentimentos destrutivos), criando um campo mais saudável para os relacionamentos humanos.

Da mesma forma, Klein explica a importância da capacidade de amor e dedicação da criança para com a mãe primeiramente, pois ela se transforma em dedicação a várias causas boas e valiosas. O prazer experimentado pelo bebê em se sentir amado e amando a mãe é transferido, na vida adulta, não só para outras pessoas como também para o trabalho, visto como digno de valor e enriquecendo a personalidade.

Já o desejo primitivo de reparar, diz Klein, é acrescentado à capacidade de amar. Assim, nunca esgotamos plenamente o desejo de reparar e criar tudo o que pudermos, pois, segundo Klein, nenhum de nós jamais está completamente isento de culpa.

Essa necessidade de reparar e de criar produz um enriquecimento a todas as formas de benefício social, assim como a capacidade de amar, a generosidade, leva algumas pessoas a arriscarem suas vidas para salvarem outras.

A superação da inveja, sentimento dos mais destrutivos que podemos carregar, é fundamental para que possamos desfrutar vicariantemente dos prazeres alheios ao invés de nos mortificarmos com a alegria e a felicidade dos outros, construindo nossa própria infelicidade. Os pais são capazes de observar sem inveja seus filhos crescerem sem se ressentirem por não terem tido as mesmas oportunidades. Sem muita inveja, somos capazes de admirar as realizações da outra pessoa, condição para o êxito não apenas do trabalho em equipe como também para os bons relacionamentos. Mesmo que trabalhemos com pessoas mais capazes que nós, diz Klein, podemos ter orgulho e prazer ao invés de boicotar e odiar o seu trabalho. A inveja, aliás, não permite a cooperação, pois o invejoso não só odeia o sucesso alheio, como não contribui para a alegria e a felicidade da equipe, não divide o que é seu e procura destruir a fonte de prazer dos outros.

Mais destrutiva que a inveja como correlato da pulsão de morte, a voracidade tem, para Klein, um papel bastante negativo na formação do caráter da criança e na influência que exerce nas atitudes do adulto. Os efeitos da voracidade na vida social são extremamente destrutivos, pois a pessoa voraz quer cada vez mais para si, mesmo que busque satisfazer sua ambição às custas de qualquer pessoa. Generosidade e consideração para com os outros não fazem parte dos sentimentos da pessoa voraz. O mundo de hoje, muito mais que à época de Klein, está infestado por pessoas vorazes, e os políticos, em sua grande maioria, são um bom exemplo da ambição desmedida que não encontra barreiras para sua realização. Onde existe voracidade não existe cooperação. Tanto quanto o bebê voraz que nunca está satisfeito com o leite e o amor que a mãe lhe dá, a pessoa voraz, muito ambiciosa, nunca está satisfeita, ainda que bem-sucedida.

A voracidade, aliada à inveja, quer exclusividade, o centro do palco, o papel principal. As pessoas vorazes, ambiciosas, invejosas são incapazes de permitir ou contribuir para o sucesso alheio, interessadas única e exclusivamente em seu prestígio social. Os outros são vistos como rivais, inimigos que as roubaram e as privaram de sua posições e posses. A ação da inveja, aliada à voracidade, desperta o desejo de destruir as qualidades e posses desses rivais, como já dissemos, pois, como fontes de prazer do outro, são fonte de ódio e infelicidade para os ambiciosos e invejosos. É fácil perceber os efeitos deletérios que essas pessoas produzem na atmosfera psicossocial em que vivemos. Podemos sentir na alma os dardos envenenados que elas dirigem a quem as incomoda com suas qualidades.

Além do mais, observa Klein, essas pessoas não estimulam nem encorajam os mais jovens, porque alguns dentre eles poderiam se tornar seus sucessores. Em posição de liderança, ambiciosos e invejosos impedem e destroem qualquer possibilidade de crescimento e progresso para os demais. Trabalham apenas para seu sucesso pessoal, bocas imensas sempre abertas para engolir tudo à sua frente, mas sempre famintas, pois nenhum alimento é suficiente para matar a fome de sua ambição.

Abordando o problema da liderança, Klein observa que se a inveja e a voracidade não são excessivas, mesmo uma pessoa ambiciosa encontra satisfação em ajudar os outros na realização de suas tarefas. Para ela, essa capacidade de ajudar os outros é uma das atitudes subjacentes à verdadeira liderança, podendo ser, em certa medida, observável já em crianças pequenas. Diz ela que uma criança maior pode orgulhar-se das realizações de um irmão ou irmã menores, procurando ajudá-los de todas as formas.

Klein tem razão a respeito dessa capacidade de ajudar, incentivar irmãos menores por parte das crianças maiores, orgulhando-se deles. A observação atenta já nos permitiu essa constatação, como deve ter permitido também a um sem-número de pessoas que se interessam em captar as manifestações amorosas do ser humano, e não apenas as destrutivas. Klein tem razão também quando comenta o papel integrador que algumas crianças conseguem exercer na vida familiar. Sua capacidade de colaboração, sua afabilidade, suas projeções amorosas, enfim, modificam para melhor a atmosfera familiar.

Esta é uma questão fundamental para a nossa discussão, uma vez que, de nosso ponto de vista, essas crianças já se colocam no meio familiar como modelos amorosos, saudáveis, também pontos fixos a favorecer identificações integradoras. E não se limitam à esfera da família. Podemos observá-las exercendo seu efeito integrador, benéfico, na vida escolar, como Klein afirma e como também observamos e acompanhamos. São crianças, como ela diz, às vezes uma ou duas apenas, capazes de exercer um efeito construtivo sobre as atitudes das demais através de uma espécie de liderança moral.

A base dessa liderança é a capacidade que elas possuem para estabelecer relações amistosas, cooperativas com as demais, sem imposição, com a naturalidade que emana de sua capacidade amorosa e impede que as outras crianças se sintam inferiores diante delas. Estamos diante, portanto, de crianças capazes de promover a revolução humanística de que necessitamos, dos modelos de identificação necessários para sobrepujar o predomínio da pulsão de morte. A conjugação entre a capacidade amorosa dessas crianças e um meio menos destrutivo, mais acolhedor, fortalece ainda mais a qualidade que elas já trazem em sua especificidade como seres humanos. Infelizmente, crianças e adultos amorosos ainda são minoria. O importante, porém, é a possibilidade de espalhar os efeitos de seu amor, de sua capacidade integradora, contaminando, por assim dizer, o campo psicossocial com amor e não com o ódio, inspirando, com seus exemplos, que outros sigam o caminho do amor, do respeito, da justiça, da solidariedade. E não da violência, da corrupção, da injustiça, da discriminação, da barbárie.

O reverso da medalha, ou seja, a pulsão de morte, manifesta-se de forma absolutamente contrária na família, na escola, na vida social mais ampla, no trabalho. A liderança, muitas vezes, é o seu veículo, como explica Klein, mas não se limita a ela. Segundo a autora, as atitudes antissociais do líder ou de qualquer membro do grupo aumentam se ele desconfia que é objeto de ódio. Essas pessoas são incapazes de suportar críticas porque elas ferem sua ansiedade persecutória. Além do sofrimento por que passam, essa incapacidade produz dificuldades em seus relacionamentos com os demais. Podem ainda colocar em risco a causa pela qual trabalham, independentemente de sua condição social, diz Klein, pois não são capazes de corrigir seus erros e, tampouco, de aprender com os outros.

Precisamos esclarecer que as situações descritas por Klein, construtivas ou destrutivas, têm sua origem no interjogo das pulsões e estão diretamente ligadas ao destino das relações de objeto. O desenho de sua trajetória está diretamente implicado nos acontecimentos da posição esquizoparanoide e da ansiedade persecutória característica desse período inicial do desenvolvimento do bebê. E também da possibilidade de sua superação, com consequente entrada na posição depressiva, marcada pela ansiedade depressiva.

Algumas das mais importantes, senão as mais importantes, contribuições de Melanie Klein para a compreensão da dinâmica mental, do mundo dos afetos, estão presentes em sua análise e descrição desses períodos. Para os propósitos de nossa discussão é fundamental destacar o problema da culpa da forma como Klein tratou. Suas descobertas ampliam e aprofundam o conceito freudiano de culpa, contido na noção de superego descrita por Freud. São essas descobertas também que embasam toda a discussão de Money-Kyrle a respeito das relações entre psicanálise e ética e que lhe permitiram formular o conceito de consciência humanista em oposição ao de consciência autoritária, que são parte fundamental deste trabalho.

Ao descrever a posição esquizoparanoide, Klein trata das fantasias destrutivas do bebê dirigidas ao objeto, no caso o seio, concebido como mau quando frustra ou quando o desprazer, o medo, tudo o que ameaça a sua vida, passa a ser da responsabilidade fantástica desse seio/objeto parcial/mãe. Da mesma forma, todas as sensações de prazer, bem-estar, conforto, acolhimento são dirigidas ao seio bom, o objeto amado, idealizado, representante da mãe boa. O seio é o mesmo, um só, mas não pode ser percebido como tal, tanto quanto a mãe é uma só. Mas a fragilidade inicial e a dependência do bebê não lhe permitem a dúvida nem a ambivalência. Ele não pode ainda estar em contato com o que considera bom e mau, o que ama e odeia ao mesmo tempo. Daí a divisão, daí a necessidade de um seio-objeto-mãe idealmente bom, inteiramente confiável, que possa ser internalizado como núcleo do ego.

Para Klein (1975), é nos processos mentais mais primitivos do bebê que estão enraizados a capacidade de amar e os sentimentos de perseguição. E é para a mãe que eles se dirigem inicialmente. As várias emoções derivadas dos impulsos destrutivos e de seus concomitantes, como o ressentimento provocado pela frustração, o ódio, a incapacidade para se reconciliar e a inveja da mãe, objeto todo-poderoso do qual a vida e o bem-estar dependem, despertam a ansiedade persecutória.

Desencadeia-se uma luta entre o amor e o ódio para com a mãe que Klein considera uma consequência da capacidade da criancinha, desde o início da vida, para projetar na mãe todas as suas emoções, fazendo dela tanto um objeto bom como um perigoso.

O contato com o objeto perigoso, na verdade impregnado com as projeções hostis do bebê, aumenta a ansiedade persecutória, o medo de ser destruído, o que, por sua vez, provoca novos ataques destrutivos, em fantasia, que o bebê dirige ao objeto. Cria-se um círculo vicioso: os ataques aumentam a ansiedade, pois tornam o objeto mais perigoso em consequência do medo da retaliação, do medo que a criancinha sente de ser destruída pelo objeto que ela atacou. Na verdade, são seus próprios impulsos destrutivos que despertam o sentimento de que a pessoa (objeto) se tornará hostil e retaliadora.

Essa persecutoriedade, característica da posição esquizoparanoide, produz, evidentemente, um grande sofrimento psíquico para o bebê, que se caracteriza, aos poucos, pela presença de uma culpa persecutória em relação ao objeto. O elemento fundamental dessa culpa é o medo de ser destruído pelo objeto atacado como forma de retaliação. Essa característica é muito importante porque vai estar presente na consciência adulta daqueles que não conseguiram evoluir para uma relação mais amorosa com a mãe, não integrando, consequentemente, seu ego de forma mais saudável. Assim, movidos por uma culpa persecutória, projetam-na continuamente nos outros, podendo despertar sua hostilidade como defesa aos ataques recebidos. Por outro lado, a culpa persecutória faz com que seu portador interdite sua agressividade apenas por medo de ser punido ou destruído, mas não por amor e consideração ao outro, que no início é apenas a mãe.

A passagem para a posição depressiva, mais ou menos exitosa, dependendo da diminuição ou não da agressividade, da integração maior ou menor do ego, da maior ou menor pressão da ansiedade persecutória etc., traz mudanças extremamente importantes para a construção da subjetividade em uma condição mais saudável. A pulsão de vida impõe-se, dependendo, evidentemente, das condições do bebê e da mãe; e, com ela, os aspectos amorosos fortalecem-se em relação aos aspectos destrutivos.

Entre tantas mudanças que ocorrem no sentido da integração do ego e do objeto, das relações objetais que envolvem agora o objeto total e não mais parcial, há uma mudança extremamente importante na qualidade da ansiedade e da culpa e que perpassa a vida psíquica do bebê. A ansiedade que caracteriza a posição depressiva é de natureza depressiva, e a culpa à qual se vincula é dessa mesma natureza. A mudança na qualidade do sentimento é resultado da percepção, pela criancinha, de ter atacado e tentado destruir o objeto que ela ama, de quem depende, que lhe deu a vida, que a acolhe e dá amor. Ou seja, ela percebe que o objeto é um só, a divisão era fantasia, defesa. Seu amor e seu ódio eram dirigidos ao mesmo objeto, à mesma pessoa: a mãe.

Da percepção vêm o medo, a culpa, o sofrimento, a dor psíquica. O bebê sente-se culpado por ter atacado, agredido, odiado a mãe que ele ama, antes cindida em boa e má, agora inteira, única, objeto total. Não importa que seja em fantasia, o medo é o mesmo: o de ter destruído o objeto amado. A ansiedade é agora depressiva. A culpa agora é provocada pelo amor ao objeto que leva ao medo de perdê-lo. É um medo pelo objeto, e não do objeto, como na culpa persecutória. E é essa culpa depressiva, amorosa, que inaugura um dos sentimentos mais humanos e elevados que somos capazes de sentir: a reparação. O desejo de restaurar, refazer, reconstruir, tanto o objeto interno atacado quanto os objetos externos que o representam. É como pedir perdão, refazendo o caminho. Somente as pessoas capazes de sentir culpa depressiva são capazes de reparação.

O sofrimento do bebê na posição esquizoparanoide, como consequência da ansiedade e da culpa persecutórias, é provocado pelo medo de ser destruído pelo objeto atacado, medo de sua retaliação. Na posição depressiva, o bebê sofre por amor e medo de perder o objeto amado. São duas dinâmicas opostas, dois sofrimentos de ordens diferentes, e seus efeitos na vida psíquica estendem-se por toda a vida adulta, produzindo consequências negativas, destrutivas, para quem carrega a culpa persecutória. Projetando hostilidade, agressividade, acaba por impregnar o campo das relações humanas, a vida social, com sua persecutoriedade, estimulando a reação da persecutoriedade que todos carregamos dentro de nós. O resultado: desentendimentos, agressões, violência, até mesmo a morte.

A trajetória do bebê capaz de sentir culpa depressiva aponta para a possibilidade de estruturação de uma personalidade saudável, a produzir efeitos amorosos na vida social, projetando amor, cuidados para com o próximo, o desejo constante de reparar, reconstruir, refazer, e não destruir. A imagem que o inspira e está no fundo de suas ações é a da mãe sempre amada.

Klein oferece-nos um sem-número de valiosas contribuições no sentido de nos orientarmos para um caminho que facilite, estimule, o crescimento da pulsão de vida ou minore os efeitos da pulsão de morte. Mesmo deixando claro que o *quantum* de pulsão de vida ou de morte é um dado constitucional, que faz parte da especificidade de cada ser humano, Klein não deixa de insistir na importância da mãe amorosa, da influência externa acolhedora e favorável para amenizar os efeitos da pulsão de morte.

Se um determinado bebê é dotado de condições internas favoráveis, capacidade amorosa maior que a destrutiva, o papel da mãe amorosa, ponto fixo, não deixa de ser importante para estimular a expansão dessa capacidade. Amor interagindo com amor, meio favorável, eis as melhores condições para estimular identificações projetivas amorosas, projeção de bons sentimentos facilitando posteriormente o desenvolvimento da empatia, base da solidariedade. Introjeção de bons sentimentos, amor, estabelecendo a segurança na bondade do objeto é condição para o crescimento da bondade dentro do bebê, tornando possível superar a inveja que se sente em relação ao seio poderoso por gratidão. Empatia, amor, bondade, gratidão, solidariedade, reparação são sentimentos que acompanharão a vida desse ser humano, estarão presentes nos vínculos que estabelecerá, no meio em que estiver, irradiando bem-estar, confiança, atraindo e imantando aqueles que estão com sede e fome de acolhimento, bondade, consideração, respeito, justiça.

Por outro lado, quando as condições internas são desfavoráveis, com a pulsão de morte falando mais alto desde o início através da agressividade do bebê, de reações rancorosas diante da frustração, quando a ansiedade persecutória contamina com ódio sua relação com a mãe, gerando até mesmo sua hostilidade, as possibilidades do estabelecimento de um vínculo positivo diminuem. A posição depressiva talvez não seja alcançada, e pode ocorrer uma fixação na posição esquizoparanoide, prevalecendo o desequilíbrio, a inveja, a culpa persecutória, a ingratidão, a agressividade. Ainda assim, diz Klein, o amor da mãe e a presença de um ambiente facilitador são fundamentais para diminuir, minorar os efeitos da pulsão de morte, mantendo-a em limites que não sejam extremamente destrutivos, de certa forma represando-a. Quando isso não acontece, ou seja, há falta interna de amor que interaja com a falta externa de amor, o destino é a explosão trágica da violência e destrutividade que tem abalado os alicerces de nossa humanidade.

Às vezes, o bebê carrega uma sementinha de amor que fica a vida toda à espera da mãe boa que o alimente, cuide, proteja e lhe permita, pouco a pouco, despontar até desabrochar. Mas a mãe boa não aparece, o amor que alimenta se ausenta e a semente morre. É preciso que cada um de nós se exercite no ofício da jardinagem do amor porque sempre haverá uma semente faminta à nossa volta esperando a oportunidade de brotar.

Não temos dúvida a respeito da necessidade urgente de restaurar, recuperar a nossa humanidade, refazer o objeto bom atacado, destruído, tal como o bebê amoroso faz com a mãe na posição depressiva. Na verdade, pensamos que temos de sair da posição esquizoparanoide representada na barbárie em que estamos mergulhados e chegar à posição depressiva, buscando um novo humanismo. A psicologia social e a psicanálise inspiram-nos nessa busca, abrindo caminhos a serem explorados.

Assim, Enriquez (1983) diz-nos que a "psicologia social é o estudo das formas de alteridade e, como tal, deve criar seu lugar e um lugar essencial aos investimentos afetivos, sem os quais grupo organizado algum chegará a se constituir" (Enriquez, 1983, p. 52). Pensar nas formas de alteridade implica pensar nos modos pelos quais se estabelecem as trocas entre os seres humanos, fundamentais para a construção da subjetividade, uma vez que o sujeito se constitui pela existência do outro. Implica, também, pensar na diferença. O *alter*, o outro, que nos ama, fala, olha, odeia ou nega é diferente de nós e é fundamentalmente necessário que nos aceitemos em nossa mútua diferença, o que nos faz singulares. A identidade, marca específica do sujeito humano, não apenas se constrói nesse processo, mas também é mantida, ou não, através dele.

Entretanto, não há otimismo possível quando observamos as condições sob as quais têm se estabelecido as trocas entre os seres humanos. Antes de mais nada, o próprio conceito de troca fica comprometido, fora do lugar, diante da falta de reciprocidade, solidariedade, empatia, capacidade para aceitar e acolher o outro.

Falar em alteridade, construção da subjetividade, identidade psíquica e identidade cultural parece, às vezes, um exercício de ficção quando deparamos com as condições da vida contemporânea. Agnes Heller (1992) nos chama a atenção para a importância da existência de um espaço interno, psíquico, no qual o sujeito possa viver suas emoções. Esse espaço, acentua Heller, é fundamental para a preservação da identidade do sujeito. Entretanto, a barbárie econômica que caracteriza a sociedade contemporânea, a idolatria ao mercado, produz incessantemente a exclusão e eliminação daqueles que não estão entre os eleitos pelo sistema. Expulsos do "paraíso" antes mesmo de terem recebido a oportunidade e as condições para adentrá-lo, são transformados em moradores de rua. Sem teto, sem privacidade, sem sequer um espaço que separe o público do privado, totalmente expostos, invadidos ou negados pelos olhares curiosos ou indiferentes dos passantes, fica difícil pensar em preservação da identidade, sobrevivência do sujeito, como já assinalamos em discussões anteriores (Tassara & Damergian, 1996).

Não se pode esquecer, nesse contexto, dos sem-futuro, porque sempre-presente: os meninos de rua, as crianças e adolescentes nas periferias, nas favelas, abandonados à sua própria "sorte", à exposição ao tráfico, à violência de toda espécie, especialmente no Brasil, onde a injustiça social, a ambição, a corrupção substituíram todas as formas de respeito à vida e de solidariedade, ao sofrimento dos desfavorecidos.

Não podemos nos esquecer, também, como reflexo da mundialização da barbárie, do sem-número de imigrantes que, fugindo da miséria, das ditaduras, da desesperança, da perseguição que vivem em seus países, nem conseguem chegar ao seu destino, o "paraíso" dos países ricos. Milhões buscam chegar até ele e dele fazer parte. Poucos o conseguem. Quando chegam, são enviados de volta ao inferno de onde fugiram. Os que escapam não alcançam a felicidade que o paraíso só reserva aos eleitos. Ao contrário, submetidos a trabalhos considerados inferiores, mal remunerados, transformam-se em alvo de exacerbadas reações de etnocentrismo e xenofobia, muitas vezes sob o signo da morte.

Qual é o lugar, então, que nossa sociedade reserva aos investimentos afetivos de que fala Enriquez, que tipo de trocas e formas de alteridade são essas? Na verdade, o que podemos constatar até aqui é um total desprezo pelos investimentos afetivos amorosos. O lugar da troca é marcado por um campo generalizado de guerra, na concepção freudiana (1921). Nele, os grupos constituem-se e mantêm-se projetando seu ódio sobre o lado de fora, nos grupos externos, diferentes, como forma de garantir um amor ilusório e mantendo a coesão do grupo.

Mais e mais se torna evidente que nossa humanidade adoeceu por falta do amor verdadeiro, que fundamenta a ética, que leva à prática da bondade, à solidariedade, à justiça. Estamos carentes, absolutamente carentes, de uma consciência humanista, como diz Money-Kyrle (1969), ao conceber o humanismo como um atributo da compreensão, elo causal entre a posse de uma certa espécie de consciência e a posse de uma certa espécie de sabedoria. Ele nos fala de indivíduos capazes de sentir o que está dentro deles, capazes de autoconhecimento, espécie de sabedoria fundamentada no amor e não no medo.

Sua discussão está apoiada nas contribuições de Melanie Klein para a compreensão do papel das fantasias inconscientes, da ansiedade persecutória e depressiva, do interjogo das pulsões e, principalmente, da culpa, conceito de grande importância aprofundado por Klein, não mais resultante apenas do medo, mas também e fundamentalmente do amor.

Money-Kyrle parte de questões formuladas por Platão a respeito dos problemas básicos da ética e da sua indagação: "Quais são a moral e a política dos homens de saber?". Para responder a essa questão, Money-Kyrle considera necessário esclarecer qual o tipo de sabedoria que está em discussão. Sua resposta aponta para o conhecimento de humanidades em geral, e de psicologia em particular. Na verdade, é o conhecimento de nós próprios, nosso autoconhecimento e o conhecimento de outras pessoas que podem nos levar a modificar nossas preferências morais e políticas, substituindo as falsas crenças pelas verdadeiras.

A segunda parte da questão diz respeito à sabedoria, que Money-Kyrle equaciona com a visão íntima de ordem psicológica. Entretanto, mesmo aumentando com o tempo, ela é sempre incompleta, o que não permite a ninguém ser totalmente ou completamente sábio. Nesse sentido, diz Money-Kyrle, é preciso parar de perguntar qual a ética do sábio, se não quisermos transformar a questão ética em um problema meramente acadêmico. O que está em questão é o problema humano, e o que importa, então, é verificar as sucessivas modificações na ética daqueles indivíduos cuja sabedoria aumenta gradativamente.

A questão que Money-Kyrle (1969, p. 145) coloca, então, é a seguinte: "De que modo nossa moral e nossa política são afetadas à medida que nos tornamos mais conscientes de nós próprios?". A técnica que ele utilizou na busca da resposta é a psicanálise, uma vez que ela nos habilita a ampliar as fronteiras de nossa consciência. Mas o mais importante, diz ele, é que o efeito produzido pela técnica psicanalítica sobre nossas emoções e nossos desejos é provocado exclusivamente pelo conhecimento que transmite. Esse conhecimento implica trazer e examinar à luz da consciência impulsos opostos, que foram dissociados uns dos outros, criaram situações imaginárias terríveis com o concurso das fantasias inconscientes. Descobrir que as situações terroríficas não são reais diminui sua intensidade.

Money-Kyrle diz que o paciente aprende duas espécies de verdade a seu próprio respeito. A primeira, que possui muitos impulsos e emoções que negara. A segunda, e que produz a maior mudança em seu comportamento emocional, é que esses impulsos criaram e são mantidos por um mundo inconsciente de fantasias que, na verdade, é uma distorção grosseira do mundo da percepção sensorial.

Money-Kyrle afirma que a análise procura mostrar ao paciente o que são suas convicções, fantasias ou ilusões e como elas são criadas. Se a tarefa for exitosa, o paciente poderá se emancipar desse mundo fantástico que o aprisiona, distorcendo a realidade. Ele poderá ter ainda conflitos, algum medo de sua própria agressividade que antes desconhecia (porque em grande parte a projetava nos outros). Mas cessam os delírios e o medo dos fantasmas criados por sua própria agressividade. O que o analista reuniu junto com o paciente são as peças que compõem a verdade sobre este último.

Mas extremamente importante enquanto efeito daquilo que o paciente, pouco a pouco, aprende sobre si mesmo entre as várias mudanças de sentimento e desejo que ocorrem no processo analítico, são as mudanças em sua atitude moral. Money-Kyrle (1969, p. 149) define um impulso moral "como um impulso para fazer ou deixar de fazer alguma coisa porque o deixar de fazê-la, ou fazê-la, suscitaria em sentimento de culpa".

O seu interesse é mostrar um fato ignorado por muito tempo, que é a possibilidade de conseguir uma mudança qualitativa na culpa, que é a origem do impulso moral. Graças às descobertas de Melanie Klein, como já dissemos, pode-se entender a culpa como um sentimento composto de dois elementos: um persecutório e um depressivo. Money-Kyrle afirma que, em uma análise em profundidade, pode-se observar uma mudança fundamental na capacidade relativa do paciente para com eles. Isso faz com que ele se torne mais sensível a um dos elementos da culpa e menos sensível em relação ao outro.

Discutindo a moralidade do superego descrita por Freud, Money-Kyrle mostra que ela é, predominantemente, uma moralidade regida pelo medo, movida pelo temor da castração e pela figura de um pai introjetado mais aterrador e menos realista que o pai externo da percepção. Esse pai introjetado, a que Freud deu o nome de superego e que é o guardião necessário da moralidade, pode, por sua vez, quando excessivamente desenvolvido e rigoroso, condenar a pessoa à doença mental. Desse modo, diz Money-Kyrle, termina por derrotar uma parte de seus próprios objetivos que diz respeito à transmissão das solicitações tanto positivas quanto negativas da sociedade.

Money-Kyrle afirma que a moralidade desse superego, além de ditada pelo medo, é essencialmente relativa. Apesar de seus tabus primários, incesto e parricídio, serem comuns a toda a humanidade, diz ele, essa moralidade oscila tanto em sua superestrutura quanto na vontade da autoridade que deve ser obedecida e apaziguada pela obediência. Por sua vez, o código moral dos pais introjetados, responsáveis pela sanção imediata, é derivado dos pais externos, ou seja, dos costumes tradicionais da sociedade em que vivem. O superego, ao se identificar com as sanções dessa sociedade, que o fortalecem, transforma-se em um representante, um conjunto dos hábitos e costumes sociais. De acordo com Money-Kyrle (1960, p. 152), o único elemento comum nas moralidades do superego das diferentes sociedades ou dos subgrupos é que "todos exigem indistintamente a mesma obediência cega, mas a códigos de espécies muito diferentes".

Por outro lado, o autoconhecimento produz mudanças significativas na moralidade do superego na medida em que ela se baseia em temores irracionais, como a ansiedade de castração, que já não se justifica na situação atual do paciente. Nessa situação, diz Money-Kyrle, o efeito da análise será enfraquecer o medo e a moralidade em que ele se baseou. Apesar de o processo nunca ser completo, permanecendo um *quantum* variável de culpa persecutória, a mudança caminha sempre no sentido de eliminar uma moralidade que está baseada em uma ansiedade irracional.

À medida que o sentimento de perseguição diminui, começam a aparecer os sentimentos depressivos. A sua análise mostra que eles sempre expressam pesar e remorso por danos causados ao objeto amado e pelos quais o paciente se sente responsável. O elemento depressivo da culpa aparece como expressão desse pesar e remorso. O sentimento que a inspira é o amor pelo objeto. E é esse amor que desperta, como já dissemos, a vontade de reparar, restaurar, o objeto danificado, reconstruí-lo, devolvê-lo à vida para ser amado.

Money-Kyrle (1969) diz, então, que

> Uma vez que o bom objeto que é danificado, quer na fantasia, quer de fato, tende a converter-se em perseguidor, os dois elementos estão, talvez desde o começo da posição depressiva, quase inseparavelmente combinados. Mas podem se combinar em proporções muito diferentes, e as proporções em que estão combinados, em qualquer indivíduo, determinarão o tipo de sua consciência, a espécie de situação que a gera e a natureza da ação que a impele (p. 154).

Assim, segundo Money-Kyrle, indivíduos cujos superegos são predominantemente persecutórios sentirão culpa de características predominantemente persecutórias quando são tentados a desafiar a figura interna ou algum poder externo que a representa. Já os indivíduos identificados com figuras internas predominantemente boas sentirão culpa em situações em que sentem ter danificado, traído ou fracassado em relação a pessoas ou valores que simbolizam seus bons objetos internos, a quem não conseguiram proteger.

Além dessa diferença na qualidade da culpa, há também uma diferença muito importante quanto à reação que ela provoca. Os indivíduos com uma consciência predominante persecutória, diz Money-Kyrle, agem por propiciação. Aqueles que são mais sensíveis ao elemento depressivo e possuem pouca persecutoriedade agem por reparação.

Tornam-se evidentes os efeitos e as reações que esses dois tipos de indivíduos provocam na vida social, nos relacionamentos humanos. Aqueles que agem por propiciação projetam sua persecutoriedade nos outros, no meio à sua volta. Sua hostilidade insistente, sua acusação contínua às ações e intenções daqueles com quem interagem acaba por despertar uma reação também de hostilidade, como já dissemos anteriormente, pois é quase impossível suportar ser acusado ou agredido o tempo todo. E, assim, ficam comprometidos os relacionamentos e "confirma-se" a teoria paranoide do acusador como uma profecia autorrealizadora.

Já aqueles que agem por reparação inspiram admiração, confiança, afeto, criando à sua volta um ambiente de bem-estar e compreensão. Pena que ainda sejam muito poucos. Mas, como existem, podem se multiplicar enquanto constroem modelos saudáveis de identificação.

Money-Kyrle faz uma observação bastante interessante e significativa a respeito do efeito da análise profunda sobre o elemento depressivo na culpa. Ele diz que há um certo alívio à medida que a maior parte da culpa surge de atos praticados em fantasia inconsciente. Entretanto, os atos fantasiados implicam um desejo de cometê-los, o que faz com que a culpa nunca desapareça. O que o autoconhecimento pode fazer é apenas enfraquecer indiretamente os impulsos que a motivaram e ajudar a libertar a reação reparadora da destrutividade irredutível que ainda resta no inconsciente.

Portanto, se o sofrimento estará sempre presente, o que produz dor, por outro lado, o amor que o despertou sempre impulsionará o indivíduo na direção de atitudes reparadoras, de cuidados para com aqueles que representam seus valores e bons objetos internos. A capacidade para sentir culpa de um gênero depressivo sempre que um objeto "bom" é danificado ou traído, aumenta em vez de diminuir, diz Money-Kyrle. O que diminui são os conflitos que levam à depressão.

No que diz respeito à moral, Money-Kyrle pôde descobrir a existência de um elo causal entre a posse de uma certa espécie de consciência e a posse de uma certa espécie de sabedoria. Nesse sentido, ele classifica as pessoas em quatro grupos principais, de acordo com a sua atitude em face da moral, e explica que alguns pertencerão a mais de um grupo.

1º Grupo: formado por hipomaníacos, pessoas que não aparentam possuir qualquer espécie de moral. Não sentem conscientemente nenhuma forma de culpabilidade e chamam de hipócritas os que possuem escrúpulos morais. Na verdade, não é que não tenham nenhuma culpa, o que eles fazem é negar sua culpa inconsciente. São hipomaníacos, sua imunidade à depressão é alcançada graças à sua total incapacidade de autocompreensão.

2º Grupo: composto por hipoparanoides, pessoas que são ao mesmo tempo virtuosas diante de si mesmas, farisaicas e severas com os outros. Não se sentem realmente culpadas de nada, e negam a sua culpa, que é projetada nos demais. Seu estado moral frequente é de indignação em relação aos bodes expiatórios que elegeram para responsabilizar por suas próprias faltas. São hipoparanoides, pois vivem aterrorizadas pelo medo de descobrirem a verdade a respeito de si mesmas.

Os dois grupos restantes, diz Money-Kyrle, são formados por pessoas cônscias de uma consciência. Elas estão nos pontos extremos de uma escala. Em uma dessas extremidades estão aqueles em quem o elemento persecutório da culpa é predominante. Sua preocupação é a obediência a um superego exigente ou a seus representantes externos. Tendem à autodisciplina, mas são duras. Apresentam um tipo autoritário de consciência, lembrando-nos a personalidade autoritária descrita por Adorno.

Na outra extremidade da escala estão as pessoas que possuem pouco sentido de perseguição, e capazes de culpa depressiva. Não têm receio em desobedecer as leis, se elas forem injustas. Sua preocupação e sua aflição é com qualquer deslealdade aos valores ou às pessoas que simbolizam seus bons objetos internos. São mais indulgentes e possuem mais disposição para justificarem os erros dos outros, e, portanto, para perdoar. Têm mais liberdade interior e mais responsabilidade para com o próximo. Na verdade, constituem o grupo dos humanistas.

Money-Kyrle mostra-nos como os diferentes grupos apresentam diferentes atitudes em relação à guerra. Os hipomaníacos desprezam seus semelhantes e não sentem nenhuma culpa em atacá-los. Ao contrário, enche-os de alegria. Os hipoparanoides projetam em seus vizinhos seus próprios e inconfessos crimes e estão sempre ansiosos por atacá-los. Já a atitude de quem tem uma consciência autoritária dependerá da natureza da autoridade interior da pessoa a quem são submissos. Podem lutar com zelo, obediência, sem se preocuparem com o porquê do confronto se essa autoridade interior lhes disser para que lutem. Se a ordem for contrária à luta, cruzarão os braços, em um pacifismo covarde, porque não defenderão nem mesmo as pessoas e os valores que amam. Os humanistas, em contraste, nunca iniciam a agressão, mas não deixam de lutar a favor de tudo o que lhes é caro: pessoas e valores.

Como se pode perceber sobre as considerações de Money-Kyrle, os humanistas têm um papel vital em situações de guerra, lutas, como o mundo tem enfrentado, principalmente se eles forem líderes, uma vez que não iniciarão e não incentivarão ataques, mas também não assistirão indiferentes à destruição das pessoas e dos valores que amam. Por outro lado, líderes paranoicos, portadores de consciência autoritária, ou hipomaníacos, são um desastre para a sobrevivência da humanidade, para a construção de um mundo solidário, pacifista. E são a maioria dos líderes que governam o mundo, do que é exemplo G. W. Bush, ex-presidente dos Estados Unidos, beligerante, destrutivo, desumano em sua cruzada contra todos os que atravessam a sua fantasia de poder.

A consciência humanista é, então, para Money-Kyrle (1969, p. 158), "a daqueles, e só daqueles, indivíduos relativamente isentos de pontos cegos e capazes de sentirem o que está dentro deles". A sua capacidade de compreensão (*insight*) está além da capacidade de todos os outros, o que diminui, por um lado, suas ansiedades persecutórias e, por outro, lhes permite cuidar do outro, sentindo dor, pesar, se forem causadores de danos ou abandonarem aqueles quem amam.

Independentemente de ter alcançado esse *insight* através de uma análise formal ou de outro método qualquer, o aumento do autoconhecimento, a sabedoria necessária, tem como efeito moral um afastamento do tipo autoritário de consciência e uma aproximação do tipo humanista, segundo a conclusão à que chega Money-Kyrle.

Em um sentido mais geral, a predominância do tipo humanista de consciência levaria a uma modificação no comportamento político de qualquer grupo, afirma Money-Kyrle, seja uma nação, classe ou um partido político em relação a outros grupos com os quais deve conviver. Essa modificação seria semelhante à que se dá no nível individual, no contato entre as pessoas. É possível pensar também que os interesses grupais estariam acima dos interesses individuais, uma vez que cada grupo representaria o "bom objeto" prioritário para seus membros. Isso os levaria a preservá-lo e defendê-lo, lutando pelos interesses grupais quando ameaçados.

Entretanto, os grupos não operariam em um campo generalizado de guerra, como diz Freud, pois não seriam capazes de prejudicar os interesses de outro grupo ou de abandonar os de um amigo. O sentimento de culpa os impediria como impediria também, quando da resistência a um grupo agressivo, que projetassem seus sentimentos sobre este, fazendo-o pior do que é. Diz Money-Kyrle (1969, p. 159): "O nosso comportamento político seria não só mais consistentemente leal aos nossos próprios valores, mas também menos empedernido em relação aos rivais e menos vingativo para com os inimigos".

Essas questões descritas por Money-Kyrle caracterizam o estabelecimento de um padrão humanista de comportamento político, com uma certa medida de convergência que pode ser encontrada também em nossas convicções políticas, segundo o autor. À medida que o *insight* resultante do autoconhecimento nos permite reduzir as fantasias inconscientes que permeiam essas convicções, podemos chegar mais perto de uma verdade comum.

O efeito da compreensão (*insight*) sobre a ideologia política levaria a uma convergência sobre as sociedades ideais em que os diferentes indivíduos gostariam de viver. Essas sociedades "ideais" seriam sociedades saudáveis, compostas, portanto, por pessoas saudáveis. Ora, Money-Kyrle acredita que aquilo a que se dá o nome de saúde pode ser obtido pela compreensão (*insight*). Assim, diz ele, se existe essa ligação causal entre saúde e compreensão (*insight*), ela pode ser usada para formular uma definição verbal de normalidade que não seja arbitrária e relativista, que independa de padrões culturais e esteja ajustada ao conceito clínico.

Money-Kyrle define a mente normal, ou seja, saudável, como aquela que conhece a si mesma. A impossibilidade de atingir o completo autoconhecimento leva a que não possam existir pessoas completamente normais, o que não diminui a importância do que foi colocado, dadas as possibilidades revolucionárias que o autoconhecimento pode trazer à melhoria de nossa condição humana.

Os atributos dessa mente saudável, segundo Money-Kyrle são: uma consciência "humanista" (como efeito da compreensão), que age por amor e não por medo, em oposição a outras formas de consciência; a capacidade para o trabalho e a fruição do prazer (qualidades usadas por Freud para definir normalidade) e, fundamentalmente, a maturidade psicológica. Pessoas dotadas de tais características não poderiam ser felizes em nenhuma sociedade, nenhum estado, que tentasse dominar sua consciência ou controlar suas atividades. Consequentemente, seriam contrárias a todas as formas de totalitarismo. Também não seriam felizes vivendo em uma sociedade *laissez-faire*, que abandona os mais frágeis, os menos felizes ou eficientes na luta travada pela sobrevivência.

Desse modo, Money-Kyrle (1969, p. 162) conclui que "os homens esclarecidos e avisados são humanistas na moral e democráticos em sua política". Independência e responsabilidade pelo bem-estar correspondem à sua meta política, à finalidade verdadeiramente democrática de sua ideologia política.

As descobertas de Melanie Klein, de nosso ponto de vista, não apenas permitem o entendimento do meio social através do desenvolvimento psíquico, como lançam luz em pontos obscuros dos relacionamentos humanos: ódio, agressividade, inveja, voracidade, persecutoriedade, projeções hostis etc. Na verdade, apontam para tudo o que aprisiona o ser humano no "lodaçal dos instintos". Ao mesmo tempo, mostram caminhos para alcançar a luz através da culpa depressiva, da gratidão, da reparação, do sofrimento psíquico que liberta a criança (o adulto de amanhã) para vivenciar o amor pela mãe, o início do amor pelos outros. Consideramos, como estudiosos e observadores do comportamento humano, que seus conceitos são observáveis, quase que concretamente palpáveis, nos relacionamentos humanos.

Money-Kyrle, inspirado em Klein, aponta-nos um caminho que consideramos indispensável para construir um mundo de paz, verdadeiramente humano e ético, oposto à barbárie atual. É o caminho do autoconhecimento, que ilumina nossas obscuridades, nos coloca em contato com nossas culpas, fantásticas ou reais, nossas pequenezas, nossas negações, nossos sentimentos inferiores, enfim, nos apresenta a nós mesmos. Esse caminho, como vimos nas palavras de Money-Kyrle, nos permite crescer, amadurecer psiquicamente. Liberta-nos para amar e trabalhar, para sermos cidadãos do mundo, para defendermos a paz, a democracia, os valores humanos, tudo o que amamos e prezamos em respeito à vida.

Em um outro trabalho, intitulado *Estado e caráter na Alemanha* (1978), Money-Kyrle diz

O objetivo do Centro Diagnóstico era preencher alguns dos postos-chave na nova administração com pessoas que fossem, naquele sentido, mais saudáveis ou normais do que aquelas que as ocupavam antes. Assim fazendo, esperava-se contribuir, mesmo em pequeno grau, para o desenvolvimento de uma sociedade mais saudável – pois, se não se podia influenciar diretamente a situação infantil, poder-se-ia criar nichos no meio ambiente no qual pudessem florescer pessoas normais (p. 233).

Money-Kyrle, nesse trabalho realizado em 1951, estava preocupado com os problemas surgidos na Alemanha do pós-guerra, com a necessidade de mudar os modelos de identificação ligados ao regime nazista, de modo a permitir uma transformação na direção da saúde mental, emocional, de uma sociedade tão contaminada pela doença do nazismo. Na verdade, a proposta de Money-Kyrle implicava a criação de núcleos de objetos bons para identificações saudáveis em torno dos quais as pessoas normais pudessem se desenvolver. O ideal seria poder atingir a infância, aprofundar a intervenção, o que não podia ser feito naquele momento.

Encontramos uma aproximação muito grande entre as propostas de Money-Kyrle e as de Kurt Lewin. Em um trabalho sobre reconstrução cultural (1943), apresentado no livro *Problemas de dinâmica de grupo*, Lewin (1978) investiga as possibilidades da construção de um mundo de paz. Mudar para uma "cultura" de tempo de paz, segundo Lewin, pressupõe uma mudança para a democracia; e esta, uma ampla mudança de valores, com ênfase nos valores humanos, em oposição aos valores super-humanos, como o Estado, a política, ciência e tecnologia.

A proposta de Lewin vai de encontro ao que pensamos e defendemos, uma vez que são os seres humanos que constituem e constroem o Estado, a política, a ciência, a tecnologia, com os valores ou não valores, com a ética ou a falta de ética, com o amor e o ódio que lhe são próprios Continuamos, à época em que este livro foi escrito, em 2007, a necessitar, mais do que nunca, desse verdadeiro renascimento humanístico. O indivíduo não pode deixar de ser considerado o centro e a origem dos efeitos psicológicos que se expandem para o social, como afirma Solomon Asch (1966).

Entretanto, não é fácil mudar as culturas, como observa Lewin. Um dos obstáculos colocados a essa mudança e que deve ser levado em conta, afirma, é que um padrão como a democracia não diz respeito apenas a aspectos políticos. Este padrão está, na verdade, interrelacionado com todos os aspectos da cultura: como a mãe trata seus filhos de diferentes idades; como os negócios são dirigidos; qual o grupo que possui *status*; como se reage às diferenças de *status*.

A preocupação de Lewin com o modo pelo qual a mãe trata seu filho pequeno significa, para nós, uma entrada na questão dos modelos de identificação. Se o modelo de relação que se estabelece entre mãe e filho for autoritário, baseado na submissão, o que se oferece como padrão para internalização pela criança é o autoritarismo, e não a democracia. A mudança social, então, não é algo que se possa fazer de cima para baixo, de forma impositiva.

Temos insistido, como tantos já o fizeram, no papel fundamental exercido pela mãe (ou representante) no processo de construção da subjetividade. Também já dissemos que ela representa não só o grupo, mas também a ideologia social. Ao mesmo tempo que interpreta o meio para a criança, transmite-lhe sua visão de mundo. A criança, por sua vez, introjeta e reinterpreta os dados que recebe por meio da mãe, e depois de outros elementos do grupo, criando sua própria visão do mundo, com a qual intervém na realidade externa. Essa sucessão de encadeamentos que traduzem a história do indivíduo não pode ser desconsiderada quando se pensa em mudança social. Essa questão deve ser pensada no nível das primeiras relações, dos modelos de interação que se estabelecem primeiramente e que se repetirão vida afora.

Em termos psicológicos, históricos e sociais, faz muita diferença a qualidade do modelo: se ele é saudável ou não, se é democrático ou não. Do ponto de vista do grupo social, o líder pode ser pensado como aquele que se oferece como modelo de identificação a ser seguido, o ponto fixo a fortalecer os bons objetos internos, as relações amorosas, fraternas, solidárias, o pai ou a mãe das primeiras relações.

Lewin atribui um papel bastante significativo ao líder no processo de mudança cultural. Assim, para provocar mudanças no sentido da democracia, ele considera necessário criar condições para que o líder possa, por um determinado período de tempo, manipular até certo ponto a situação e ter um controle suficiente para impedir as influências que acredita indesejáveis. Lewin considera que durante o período de transição o objetivo do líder democrático terá de ser o mesmo de um bom professor, ou seja, tornar-se supérfluo para ser substituído por líderes saídos do próprio grupo.

Lembrando-se que Money-Kyrle defende a necessidade de colocar pessoas saudáveis (aquelas cuja consciência conhece a si mesma) em postos-chave para criar núcleos de crescimento, a proposta de Lewin caminha na mesma direção. Ele afirma que, levando-se em conta o aspecto técnico da mudança cultural, é necessário considerar que é impossível mudar os padrões culturais de milhões de pessoas tratando-as individualmente. O trabalho de grupo permite, então, atingir grupos inteiros de indivíduos. Ao mesmo tempo, admite a possibilidade de atingir com rapidez grandes massas, adestrando líderes democráticos e desenvolvendo líderes de líderes, de forma a constituir uma pirâmide. Lewin acrescenta ainda que a tarefa de democratizar realisticamente é um processo que tem de atingir em nível profundo a ação familiar e a vida cotidiana no grupo.

O trabalho desenvolvido por Lewin cogita, a partir da Alemanha, construir uma sociedade melhor, de tempo de paz. Além de destacar a importância de atingir a vida familiar, de levar em conta a relação mãe-criança, ele assinala a necessidade de trabalhar diretamente com o adolescente. Como bem lembra Lewin, é esse nível de idade que apoiava Hitler freneticamente, de maneira mais cega e sem escrúpulos. Além do mais, o adolescente situa-se em um nível de idade que determina qual padrão cultural terá vigor na geração seguinte. Lewin destaca a importância de transformar esse grupo, entusiasmado e vigoroso, em um grupo cooperativo, que possa colaborar para uma reconstrução produtiva.

Acrescentamos, infelizmente, que o grupo de idade em que está o adolescente no Brasil de hoje tem praticado alguns dos crimes mais bárbaros e atos mais violentos de que se tem notícia. Pior ainda, muitas vezes contam com a complacência de pais que não impõem limites e apaziguam ao invés de punir. É preciso, mais do que nunca, aprender com Lewin, e que o entusiasmo e o vigor do adolescente não sejam utilizados para espancar e matar pessoas indefesas e, sim, canalizados para ações construtivas. Não para ódios cegos, intolerância aos diferentes, mais fracos, excluídos, como o fazem grupos de *punks*, *skinheads*, baderneiros de classe média alta e outros que se especializaram em se divertir com o sofrimento do próximo.

Pensamos, sim, que Lewin trabalha com modelos, ainda que não explicite isso. Do mesmo modo, ele não se limita a tratar da mudança cultural no sentido estrito do termo. Está, na verdade, refletindo sobre as condições que podem levar à construção de um mundo melhor, mais saudável, democrático, pacífico. Para tanto, leva em conta desde a mudança que se deve promover na forma como a mãe trata o filho, até chegar-se às instituições sociais mais amplas.

Lewin não se esquece, em suas propostas, de que a atuação para a mudança deve se dar em todos os níveis. Consideramos fundamental e extremamente atual o destaque que ele dá ao adolescente e sua singular situação: tanto pode estar a serviço da mudança construtiva quanto da intervenção destrutiva na ordem social. Sua situação marginal e particular em nossa cultura faz com que ele penda para qualquer um dos lados da dinâmica vida x morte.

Ao assinalar o papel determinante do adolescente quanto ao padrão cultural a vigorar na geração seguinte, Lewin aponta-nos mais um caminho para promover, através de modelos saudáveis de identificação, uma ordem social em que as relações sejam mais humanas e construtivas. Sabemos o quanto o adolescente está exposto às mais mortíferas "tentações": drogas, álcool, promiscuidade, violência, tráfico, roubos. A sedução da morte é muito alta nessa faixa de idade, dadas as contradições de nossa cultura e do mundo contemporâneo. Muitas vezes, o seu "processo de iniciação" é marcado pelo ingresso em um mundo de violência e de morte, através de sua filiação a grupos extremamente destrutivos, que se oferecem ao adolescente como solução onipotente para seus problemas.

Todos nós pertencemos a grupos. Como diz Lewin, o grupo é realmente o solo em que a pessoa se apoia, aquilo que lhe dá segurança e fortalece seu sentimento de identidade. Contudo, corremos o risco de nos filiarmos a grupos que sabotam e destroem nossa identidade.

O adolescente, mais que todos nós, corre o risco de filiar-se à morte e não à vida. Pensar em uma atuação no nível da adolescência é mais uma tarefa para a psicologia social que Lewin nos legou. A sua atualidade não nos surpreende. É a dos clássicos, com a sabedoria que a modernidade "não desmancha com o ar".

Lewin acentua também que uma ordem democrática mundial não exige a uniformidade cultural do mundo todo. Isso não seria possível nem democrático, mas é o que a mundialização, a hegemonia de grandes grupos econômico-políticos, o pensamento único procuram realizar atualmente. Para Lewin, o equivalente da liberdade democrática para o indivíduo é o pluralismo cultural para os grupos. Contudo, ele adverte a sociedade democrática para uma ameaça à sua estabilidade, representada pela má utilização da liberdade individual pelo gângster ou pelo "intolerante", no sentido político. Lewin diz mesmo que a cultura intolerante será sempre um fator de perigo para uma organização democrática individual.

Essas suas considerações têm efeitos e implicações bastante profundos. Acreditamos que a ação social transformadora passa por um processo anterior (mas nunca finalizado) de autoconhecimento. O indivíduo capaz de agir socialmente de forma construtiva e saudável é aquele que não está preso às obscuridades de sua personalidade que o levariam a procurar no meio externo as satisfações para os seus desejos do passado de criança. O homem adulto, diz Freud, é aquele que é capaz de amar e trabalhar. Isso é muito diferente do homem preso aos seus desejos infantis e primitivos, incapaz de cooperar, dar, receber, compartilhar, oferecer algo de construtivo a seus semelhantes.

Lewin fala do "intolerante" no sentido político, ou seja, daquele que se opõe à vida democrática, que não aceita uma posição contrária à sua, que busca se impor de forma autoritária ou mesmo agressiva. Entramos no terreno dos "donos da verdade", daqueles que não toleram nem a liberdade nem a verdade. Lewin já nos adverte para o perigo que a cultura intolerante representa para a uma organização democrática individual. Essa cultura de intolerância, que se exacerba em nossa sociedade através de grupos sectários de todos os tipos, a perseguir e eliminar aqueles que não são "iguais", já produziu o monstro do nazismo e seus terríveis campos de concentração. É com o humanismo defendido por Money-Kyrle que ela deve ser combatida, com humanistas à frente da sociedade a promover identificações saudáveis que permitam a aceitação do outro em sua diferença.

Líderes intolerantes apresentam rigidez de pensamento, narcisismo exacerbado, uso de defesas típicas da posição esquizoparanoide: negam, cindem, projetam nos outros a sua intolerância, o seu autoritarismo. Frequentam com desembaraço o cenário de nossa vida político-social. Com a negação da realidade, os problemas são resolvidos magicamente, instala-se o culto à personalidade, buscam-se inimigos imaginários, incentivam-se os fantásticos conluios coletivos. O objetivo é manter o *status quo*, a cristalização da realidade, a perpetuação do autoritarismo.

O processo de mudança cultural necessário à promoção de uma ordem social democrática e com melhor qualidade de vida, proposto por Lewin, parte da consideração da cultura como equilíbrio. Nesse sentido, a cultura é considerada um processo vivo, composto de numerosas interações sociais. Um determinado nível de equilíbrio é estabelecido, e, a partir daí, certos processos autorreguladores entram em funcionamento para manter a vida do grupo no nível estabelecido.

Mas a nossa questão é mudar. Lewin está preocupado com a necessidade de mudar a atmosfera cultural da Alemanha para implantar uma ordem democrática que promova o desenraizamento do nazismo. Nós estamos preocupados com a barbárie de nossa civilização, com a ameaça de novos autoritarismos, com a mudança para um estado democrático mundial caracterizado por um novo humanismo.

Lewin coloca como primeira condição para a mudança a obtenção de uma situação que mude permanentemente o nível em que as forças antagônicas encontram o equilíbrio virtualmente estacionário. Entendemos que esse equilíbrio estacionário equivaleria, virtualmente, à cristalização das forças, à paralisia, à ausência de movimento vital. Em outras palavras, à manutenção do *status quo*.

A segunda condição proposta por Lewin para a mudança cultural é a mudança da constelação de forças. A mudança, seja qual for, envolve uma perturbação do equilíbrio entre as forças que mantém, em determinado nível, a autorregulação social. Exemplificando com o caso da Alemanha, Lewin afirma que essa condição implica que alguns poderes, fundamentalmente enraizados, precisam ser desenraizados. Pensamos que perturbar o equilíbrio e desenraizar princípios arraigados é o mesmo que abrir espaço para o elemento disruptivo, revolucionário, que contém o germe da mudança, como propõe Bion a respeito da mudança na estrutura da personalidade e na ordem social vigente. Perturbar o equilíbrio é também impedir que as forças se cristalizem e atinjam tal estado de permanência que torne praticamente inviável a mudança.

Do nosso ponto de vista, o elemento disruptivo, revolucionário, que contém o germe da mudança está ligado aos modelos saudáveis de identificação colocados nos mais diferentes segmentos da sociedade, os pontos fixos amorosos, alavancando a construção de um mundo melhor. Presentes nos lugares onde impera a violência, o abandono por parte do Estado e da sociedade, a indiferença, a miséria, inspirariam, com o toque mágico do amor, o crescimento do amor ainda latente, a revolução transformadora do mundo psíquico e, consequentemente, do mundo social. Inspirariam o autoconhecimento que torna possível a existência de consciências saudáveis, que conhecem a si mesmas, características do humanista caracterizado por Money-Kyrle.

Como terceira condição a ser considerada no processo de mudança cultural, Lewin coloca a necessidade de um novo padrão cultural. Nesse sentido, ele diz que precisam ser estabelecidas ou liberadas as forças necessárias para o novo padrão cultural enquanto se destroem as forças responsáveis pelo antigo equilíbrio. A mudança deve criar também as condições de autorregulação para que o novo padrão possa ser mantido.

As questões propostas por Lewin em relação à mudança cultural remetem-nos, do nosso ponto de vista, às considerações de Bion (1975) a respeito da mudança catastrófica. Bion escolheu essa expressão para caracterizar uma conjunção constante de fatos, os quais, segundo ele, podem ser encontrados nos campos mais diversos, como a mente, o grupo, a sessão psicanalítica e a sociedade.

A conjunção constante de fatos, de que fala Bion, pode ser observada quando uma ideia nova irrompe em qualquer das áreas anteriormente mencionadas. Bion entende que o poder disruptivo da ideia nova violenta, em maior ou menor grau, a estrutura do campo em que se manifesta. Desse modo, uma nova descoberta violenta a estrutura de uma teoria preexistente; um revolucionário violenta a estrutura da sociedade, e uma interpretação violenta a estrutura da personalidade.

Como vemos, em todos os casos, ocorre uma perturbação no equilíbrio de forças que mantinham o *establishment*, como diz Bion. Para que a mudança seja possível, afirma Lewin, é preciso desarraigar poderes (forças) profundamente enraizados. Parece-nos que a ideia nova, com seu poder disruptivo, é capaz de desenraizar as forças de que fala Lewin, tanto no nível social quanto no nível psicológico, individual. Nesse último caso, abrindo caminho para o autoconhecimento, para iluminar as obscuridades.

Tanto no nível individual quanto no social, o crescimento ou a mudança envolvem a alteração no estado de equilíbrio, seja das estruturas psíquicas ou das forças sociais, e a transformação de uma estrutura em outra, que se espera ser mais evoluída. No caso da mudança catastrófica, Bion afirma que uma estrutura se transforma em outra através de momentos de desorganização, sofrimento e frustração e que é em função dessas vicissitudes que se dará o crescimento.

Do ponto de vista social, uma ideia nova, trazida por um revolucionário, como diz Bion, ou conduzida por líderes democráticos, como diria Lewin, pode romper o equilíbrio das forças que mantêm o *establishment* social. E, assim, desenraizar forças conservadoras, provocando a necessidade de um novo estado de equilíbrio, novas estruturas que sejam continentes à ideia nova.

É importante acentuar que o processo de mudança cultural proposto por Lewin através do desenvolvimento de líderes, conduzidos por líderes democráticos (ou os humanistas, na proposta de Money-Kyrle), precisa contar com o grupo como um terreno estável no qual o indivíduo pode e necessita se apoiar. Lewin fala também do grupo familiar ao qual a criança pertence. É fundamental que ele ofereça estabilidade. Para a criança que cresce no grupo familiar, este constitui, na maior parte das vezes, o seu principal terreno. Se o terreno for instável, diz Lewin, a instabilidade do grupo familiar na infância pode levar à instabilidade do adulto.

Vivemos uma época de crise, todos sabemos e falamos: crise de valores, crise nos relacionamentos, nos padrões familiares; crise na educação; crise de desemprego; etc. etc., e todas as crises incidem no grupo familiar, tendendo a desestabilizar um terreno que já vem se deteriorando. Para nós, a estabilidade de que fala Lewin, necessária ao desenvolvimento saudável da criança, tem como alicerce fundamental o amor, condição indispensável para sedimentar o terreno estável e seguro de que a criança necessita.

Lewin (1970) aponta-nos outros problemas envolvidos no processo de reeducação ou mudança cultural que devem ser levados em conta em nossa busca de caminhos para sair da barbárie. Lewin adverte-nos para as dificuldades encontradas em um processo de reeducação e diz que este não pode ser um processo meramente racional. As resistências à reeducação, seja quando se pretende atenuar os preconceitos ou mudar de alguma forma a visão social do indivíduo, esbarram em obstáculos emocionais e dificuldades inerentes à mudança cognitiva.

As mudanças de sentimentos não acompanham necessariamente as mudanças de estrutura cognitiva. Assim, diz Lewin, a reeducação corre o risco frequente de atingir apenas o sistema oficial de valores, o nível de expressão verbal e não de conduta. Diz ainda

> [...] pode meramente provocar aumento da divergência entre o superego (a maneira como devo me sentir) e o ego (a maneira como de fato me sinto), e com isso suscitar no indivíduo uma consciência culposa. Tal discrepância conduz a um estado de grande tensão emocional, mas raramente a uma conduta correta. Pode adiar transgressões, mas tende a torná-las mais violentas quando ocorrem (Lewin, 1970, p. 79).

A crítica de Lewin nos reconduz a Money-Kyrle em sua defesa de uma ética que não reproduza a moral relativa do superego freudiano. Ao contrário, fundada em uma transformação interior através do autoconhecimento, como vimos, a consciência humanista está alicerçada em uma ética universal, sendo ela uma consciência que conhece a si mesma e se orienta pelo amor.

Lewin diz ainda que a reeducação leva à necessidade de participação no grupo e à aceitação de novos valores. Ele propõe a necessidade de uma ideologia de ação. O indivíduo precisa se envolver, agir, se pretende obter alguma mudança em seu sentimento. Lewin (1970) diz então

> Como a ação é dirigida pela percepção, uma mudança de conduta pressupõe a percepção de novos fatos e valores. Estes devem ser aceitos não só verbalmente, como uma ideologia oficial, mas como uma ideologia de ação que compreende o sistema específico, frequentemente inconsciente, de valores que dirige a conduta (p. 79).

Aparece, então, a preocupação ética de Lewin a respeito do processo de reeducação, de aceitação de novos valores, mudança no mundo social percebido. Lewin diz que alguns denominam esse processo como uma mudança na cultura do indivíduo. Outros dão a esse mesmo processo o nome de mudança no superego do indivíduo. O problema colocado por Lewin é que se o novo conjunto de valores for imposto, ele não apenas provocará a hostilidade do indivíduo como também comprometerá sua liberdade de aceitação. Lewin (1970) nos diz, então

> [...] se a reeducação significa o estabelecimento de um novo superego, segue-se necessariamente que o objetivo procurado não será atingido enquanto o indivíduo não sentir o novo conjunto de valores como algo livremente escolhido. Se ele se submeter apenas por medo do castigo e não pelos ditames de seu livre arbítrio e consciência, o novo conjunto de valores que deva aceitar não assume nele a posição de superego e, portanto, sua educação permanece irrealizada (p. 81).

Lewin propõe um processo de mudança cultural que tem por objetivo a obediência à consciência, à liberdade de escolha e não à submissão a algo imposta de fora. A construção de um mundo melhor só pode se dar através de uma verdadeira transformação interior, caso contrário será artificial e autoritária. À medida que sua proposta está orientada para a formação de líderes democráticos (da mesma forma que Money-Kyrle) e líderes de líderes que promovam o crescimento em pequenos grupos, ela, na verdade, conduz à questão da identificação.

A influência dos líderes democráticos, equivalente à das pessoas saudáveis em pontos-chave da administração, como propõe Money-Kyrle, dá-se, na verdade, por identificação. Estamos no campo dos modelos saudáveis de identificação, dos pontos fixos que se iniciam com a mãe, no grupo familiar, e devem se estender para a sociedade, em um processo lento, mas seguro de disseminação da pulsão de vida.

Klein, Money-Kyrle e Lewin convergem quanto à sua preocupação com a construção de uma sociedade saudável, amorosa, humana, democrática, formada, evidentemente, por indivíduos em que tais características sejam predominantes. É nesse sentido que cada um dos autores oferece a sua contribuição valiosa para a nossa discussão. Klein, a grande inovadora, ao tratar do amor e do sofrimento, ao mover a necessidade de reparar, refazer, reconstruir o objeto amado, a mãe amorosa, aponta-nos o caminho: amor. É fundamental povoar o mundo psíquico com o objeto bom, com identificações saudáveis, amorosas, para que os territórios fantasmas das profundezas do inconsciente, produzidos pela pulsão de morte, não façam dele seu *habitat*. Só o amor pode minorar os efeitos maléficos da pulsão de morte, evitando o desastre total.

O terreno firme, estável, de que fala Lewin, o grupo, no qual a pessoa possa se apoiar e situar, começa a nos ser construído a partir da mãe boa, o ponto fixo que escora a alavanca do crescimento. A mãe, o suporte, o ponto de apoio, é quem faz, fundamentalmente, este papel: objeto bom, núcleo em torno do qual o ego se estrutura, ensina-nos Klein. Ela é o primeiro e básico modelo saudável de identificação. Depois vem o grupo familiar, o grupo ampliado, o líder humanista, construtivo. Todos são modelos de identificação. É crucial que sejam bons modelos, amorosos, saudáveis, a permitir identificações que enriqueçam a personalidade, estimulem a pulsão de vida, com todos os seus correlatos, a partir do amor: ética, justiça, solidariedade, fraternidade.

Temos dito que não é possível separar o destino do indivíduo do destino da sociedade. Pessoas saudáveis influenciarão saudavelmente no meio em que vivem. Não é possível negar que a sociedade como um todo, com seus grupos e instituições, pode ser mais ou menos saudável, dependendo das pessoas que a compõem.

Falamos em saudável no sentido psicanalítico do termo, tal como é empregado por Money-Kyrle. Em seu trabalho já comentado aqui, *Estado e caráter na Alemanha*, ele observa que "saudável" ou normal é a sociedade bem adaptada, que favorece o desenvolvimento de indivíduos normais ou saudáveis (portadores de autoconsciência). Do mesmo modo, o estado de mente não saudável é aquele em que os sentimentos e às vezes, também, a percepção, são perturbados por fantasias inconscientes. Esse estado não saudável, perturbado por fantasias inconscientes, produz conluios coletivos que vão do fanatismo e da intolerância à guerra; do totalitarismo à submissão absoluta; de suicídios coletivos em busca do paraíso à morte em vida; da ausência de pensamento à perda total da liberdade; da euforia química à ausência de sentimentos.

Chegamos ao outro lado da moeda. A sociedade também pode ser encarada como uma Grande-Mãe, que acolhe ou não, favorece ou não, o desenvolvimento de seus filhos. Acreditamos que a mãe-sociedade deve funcionar como um ponto fixo para o desenvolvimento saudável de seus filhos-membros. É impossível negar a influência que uma tal ou qual organização da família, das instituições, da sociedade, dos chefes sociais-pais e mães sociais, como dizemos, exercerá sobre os conteúdos vivencias do inconsciente e sobre a estruturação da personalidade dos indivíduos.

Sociedades chamadas primitivas oferecem-nos exemplos de organização, coerência, consistência de modelos que se refletem em relações mais harmoniosas e cooperativas entre seus membros. Modelos definidos permitem identificações com pontos estáveis, estruturantes. E nossa mãe-sociedade, que ponto fixo ela nos oferece, que modelo estruturante?

Antes de qualquer coisa, a sobreposição de modelos, uns piores que os outros (com raras exceções, é verdade), torna difícil, se não impossível, falar em ponto fixo. Há uma sobreposição na qual predomina o componente destrutivo. Podemos ser todos e nenhum, tudo e nada, a imagem identificatória não é a de um modelo seguro. Tornou-se um mosaico de fragmentos contraditórios que gera insegurança, medo, sensação de abandono, desamparo. Sentimonos como bebês desamparados diante da mãe-sociedade filicida. Onde está o ponto de apoio perdido em meio à crise dos modelos de identificação?

Nossa mãe-sociedade não só não nos oferece um modelo definido, estável, um ponto fixo, como gratifica os aspectos destrutivos presentes no mosaico identificatório que constrói. Nossa mãe-sociedade é permissiva, não impõe limites, principalmente para os detentores do poder econômico e político. Gratifica até as fantasias onipotentes, destrutivas, incentivadas pelos avanços tecnológicos. É também ambígua e contraditória, porque injusta. Age como mãe filicida e esquizofrenogênica: contraditória, ambígua, oscilante entre padrões e valores. O permitido para uns é proibido para outros, que são punidos e discriminados.

Será que tal mãe-sociedade favorece a saúde mental, a integração de seus filhos-membros? Evidentemente, a resposta é não. Ela favorece a distorção da realidade psíquica e, consequentemente, da percepção da realidade externa. Como mãe-filicida, nossa sociedade estimula nossas ansiedades mais primitivas, a inveja, a voracidade, a persecutoriedade, a destrutividade. Ela nos leva a nos colocarmos diante do outro não como próximos, fraternos, irmãos, mas como guerreiros, prontos para o ataque (ou a defesa), para desferir o golpe mortal. Afinal, temos ou não de nos defender de uma ameaça, seja ela real ou imaginária?

A mãe-sociedade filicida estimula nossa onipotência primitiva: tudo controlar, tudo poder, tudo destruir. Fabricando armamentos cada vez mais poderosos, torna possível, com um simples apertar de botões, a vitória do império de Tânatos. Com um simples clicar de teclado, falsificam-se identidades, destroem-se reputações, vendem-se drogas, expõe-se pornografia infantil, instala-se uma rede mundial de pedofilia. Podemos controlar e destruir a distância. No anonimato dos covardes. Não existem rostos, Lévinas já nos avisou: sem rostos não há ética, não há o próximo, não há humanidade, não há compaixão. As fantasias destrutivas do frágil bebê transformaram-se em realidade alimentadas pelo seio da mãe má. Continuamos bebês, na grande maioria. Como bebês, acreditamos que somos deuses e brincamos de senhores absolutos da vida e da morte.

Há muito investimento na tecnologia, nos ganhos do mercado, no poder e muito pouco no humano. As figuras de nossos chefes, líderes políticos, pais e mães sociais são um reflexo a se transformar em causa dessa situação. Reforça-se o círculo vicioso da destrutividade e faz-se urgentemente necessário rompê-lo.

A sociedade somos nós e se ela deve funcionar como uma Grande-Mãe, como um ponto fixo para a construção saudável da identidade de seus filhos-membros, como pensamos, deve haver uma mudança nos modelos de identificação que ela oferece. Assim como os filhos se identificam com os pais, internalizando modelos, também os indivíduos, seres psicossociais, internalizam e se identificam com os modelos que a mãe-sociedade oferece. Acreditamos que modelos saudáveis de identificação, pessoas colocadas em diferentes setores da sociedade, em pequenos grupos comunitários, escolas, áreas de lazer, cultura, esporte, podem se constituir em focos de disseminação de saúde mental, a combater a doença da barbárie. Sua arma ou seu remédio principal deve ser o amor.

CAPÍTULO III

CONSIDERAÇÕES QUASE FINAIS...

> "O espírito não deve imobilizar-se nem na aceitação, nem na negação, mas tem que se empenhar numa vontade em luta contra o falso, numa vontade de consciência total e prática.
>
> Mas só merece de nós um esforço aquilo que amamos."
>
> *Ecléa Bosi (2003)*

As reticências acompanharam o início deste trabalho e não poderiam estar ausentes em seu final. Ele não é um trabalho fechado, acabado, encerrado. Nossos pontos cegos, nossas limitações, a complexidade do problema não admitem ponto final. Os assuntos humanos exigem a desconfiança: as aparências, quase sempre, não traduzem a verdade. As obscuridades do humano transbordam para além de qualquer definição. Ele é sempre uma surpresa, um inesperado, tanto para o bem quanto para o mal.

Na primeira parte deste trabalho percorremos um caminho que indica uma vantagem de Tânatos, a pulsão de morte, em sua luta com Eros, a pulsão de vida, no cenário no qual se desenvolve a crise ética, afetiva, moral, espiritual que caracteriza o estado de barbárie da sociedade contemporânea. Entretanto, o combate não terminou, para nossa felicidade. Acreditamos, como os autores em que nos apoiamos, na possibilidade de "libertar" o ser humano da "caverna obscura" dos instintos em que ele foi aprisionado pela sua própria cegueira, pelo seu vazio interior, pelo seu autodesconhecimento, pelo aqui-e-agora a que reduziu sua existência.

Klein, Money-Kyrle e Lewin, entre outros, como vimos, apontam saídas que tornam possível trilhar o caminho do bem, do amor, da saúde mental em oposição à patologia mental que se espalha por nossa civilização. Há ainda outras considerações e outros autores a acrescentar à nossa discussão.

Começaremos por Freud, que é bastante pessimista a respeito da possibilidade de o ser humano ser feliz em sociedade, a respeito da existência de relações verdadeiramente amorosas na vida grupal, do amor dos líderes que não seja ilusório e de tantas outras coisas ligadas à vida social e ao progresso civilizatório.

Em *Psicologia de grupo* e *A análise do ego* (1921), Freud deixa evidentes algumas dessas questões. Ao comentar as interpretações de Le Bon e McDougall e fazer uma análise da vida grupal, ele considera o social o terreno da ilusão, uma vez que as multidões anseiam pelas ilusões, por certezas absolutas, e não pela busca da verdade. Isso já é suficiente para ilustrar a facilidade com que as pessoas podem ser manipuladas por líderes mal intencionados, que prometem o paraíso e entregam o inferno àqueles que as seguem e nelas acreditam. Diz Freud (1921)

Inclinado como é a todos os extremos, um grupo só pode ser excitado por um estímulo excessivo. Quem quer que deseje produzir efeito sobre ele, não necessita de nenhuma ordem lógica em seus argumentos; deve pintar nas cores mais fortes, deve exagerar e repetir a mesma coisa diversas vezes (p. 102).

Não é por acaso que os discursos políticos são inflamados, repetitivos, impulsionados por palavras de ordem e sem sentido. Estamos no reino da irracionalidade, da ausência de pensamento, do estímulo ao *acting out*, das emoções primitivas. Os líderes que comandam esses grupos vendem a ilusão do amor, segundo Freud. Os liderados os amam e se acreditam amados por eles, desenvolvem laços amorosos com os companheiros e estão unidos por um ideal comum: o amor ao líder.

Mas tudo não passa de ilusão. Freud afirma que assim como sob a pele de um civilizado existe um bárbaro, sob a pele do grupo existe a horda primeva. Assim, o grupo nada mais é que uma remodelação idealística da horda primeva. Nesta, todos os filhos sabiam que eram igualmente odiados e perseguidos pelo pai/chefe narcísico, que se recusava ao vínculo, ao amor e o temiam igualmente. No grupo, os indivíduos acreditam que são igualmente amados, protegidos e tratados com justiça pelo líder/pai. Mas isso é apenas o resultado de um artifício, um mecanismo psíquico que remolda os afetos inconscientes de modo a construir o terreno sobre o qual se erguem todos os deveres sociais, na acepção freudiana.

Além de o social ser o terreno da ilusão, de o líder amar narcisicamente apenas a si mesmo, os grupos só podem existir em um campo generalizado de guerra. Freud considera que os sentimentos opostos não podem coexistir dentro do grupo, pois a projeção do ódio dentro do grupo provocaria a sua destruição. A sobrevivência do grupo exige, então, uma cisão: o ódio deve ser projetado fora, nos diferentes, nos estranhos, nos grupos de fora, para que o amor, ilusório, mantenha o grupo ilusoriamente unido. O grupo precisa, então, de inimigos externos a quem combater para poder sobreviver. O conceito de narcisismo das pequenas diferenças, raiz do etnocentrismo, do preconceito, da xenofobia, nasce dessa análise. A guerra e não a paz, o ódio e a rivalidade, não o amor e a fraternidade, inspiram os movimentos grupais.

O problema não está na análise de Freud. Ela é brilhante, e a vida social oferece-nos exemplos continuados a respeito do acerto de suas interpretações, que reduzimos ao mínimo suficiente para contrapor às concepções de Lewin e Money-Kyrle. E reafirmar a necessidade de colocar líderes democráticos, humanistas, nos postos-chave da sociedade, nos pequenos grupos, nas instituições, diminuindo o espaço e a influência que os chefes narcísicos da horda primeva, travestidos de líderes/mães amorosos, ocupam na vida social.

Freud também nos diz que o pior do indivíduo, do inconsciente, está no social. Com o propósito de caracterizar os princípios éticos do grupo, ele observa a necessidade de considerar que a reunião dos indivíduos em um grupo provoca a perda de todas as inibições individuais. Sem restrições, sem interdições, todos os instintos cruéis, brutais e destrutivos, então adormecidos, são despertados, e tudo o que é primitivo sai em busca de livre gratificação.

Entendemos que o antídoto para essa situação exige a criação de um campo psicossocial que seja continente para o fortalecimento da pulsão de vida. Líderes humanistas, amorosos, democráticos encaram os grupos como seus bons objetos internos. Procuram proteger seus liderados, preservá-los projetando amor, criando uma atmosfera psicossocial de amor, bondade, fraternidade, crescimento saudável, colocando limites ao extravasamento das pulsões mais primitivas, reorientando-as em direções construtivas. O campo psicossocial saudável, amoroso, favorece as identificações com os bons sentimentos e sua internalização através das identificações introjetivas, que estimularão a pulsão de vida, os bons sentimentos, a reflexão, a busca do autoconhecimento, que conduz à saúde mental. E refletirão na projeção desses bons sentimentos, cooperação, gratidão, fraternidade, criando-se o círculo da experiência amorosa em oposição ao círculo vicioso da violência e da barbárie.

Outra questão fundamental que nos interessa destacar no texto freudiano diz respeito à justiça. Ao discutir a hostilidade entre os irmãos em busca de privilégios e preferências afetivas em relação aos pais, Freud afirma que as hostilidades e os ciúmes são resolvidos através da identificação do irmão mais velho com os demais irmãos. Desenvolve-se a partir daí um sentimento comunal ou de grupo, fortalecido posteriormente na escola. Essa solução nada mais é que uma formação reativa, cuja primeira exigência, diz Freud, é de justiça, de tratamento igual para todos. Em outras palavras, não haverá favoritos, uma vez que nós não podemos sê-los.

O corporativismo, o *esprit de corps*, o espírito de grupo que mais tarde aparece na sociedade, segundo Freud, nada mais é que uma derivação dessa inveja original a clamar por igualdade, ou seja: todos devem ser o mesmo, ninguém pode ser mais ou desejar destacar-se mais que os demais.

Diz Freud (1921)

> A justiça social significa que nos negamos muitas coisas a fim de que os outros tenham de passar sem elas, também, ou, o que dá no mesmo, não possam pedi-las. Essa exigência de igualdade é a raiz da consciência social e do senso de dever (p. 153).

A presença do sentimento de inveja na origem do sentimento de justiça social nos remete a uma história relatada por David Zimmermann em sua apresentação do livro de Melanie Klein, *Inveja e gratidão* (1974).

> Uma fada aparece diante de um invejoso dizendo que ela poderá, magicamente, dar-lhe tudo o que seus desejos imaginarem – bens materiais, qualidades pessoais e toda sorte de felicidade. Mas há uma única condição: que seu vizinho, pessoa a quem muito invejava, obtivesse em dobro seus desejos.
>
> E sabem o que invejoso desejou?
>
> Desejou que a fada lhe arrancasse um olho! (p. 19)

Essa "historinha", terrível e trágica, na verdade não apenas exemplifica com clareza o potencial destrutivo da inveja, como nos faz pensar: que justiça é essa, originada da inveja e resultado de uma formação reativa? Como é possível haver realmente justiça como expressão de um mecanismo de defesa destinado a manter recalcado um desejo oposto, no caso a inveja, que não admite a felicidade do outro e defende uma falsa igualdade para todos?

Em Laplanche & Pontalis (1967), encontramos o seguinte

> Do ponto de vista clínico, as formações reativas assumem um valor sintomático no que oferecem de rígido, de forçado, de compulsivo, pelos seus fracassos acidentais, pelo fato de levarem, às vezes diretamente, a um resultado oposto ao que é conscientemente visado (p. 258).

Talvez esteja nessas considerações a explicação para a injustiça que mancha a sociedade atual de modo cada vez mais desumano, especialmente em nosso país, onde os poderosos raramente são punidos pelas barbaridades que cometem.

Klein (1974) afirma que o objetivo real da inveja é destruir a criatividade, que representa a capacidade de dar e preservar a vida, e, por esse motivo, é sentida como o maior dos dons. Ela cita Santo Agostinho, que descreve a vida como força criadora que se opõe à inveja como força destrutiva. E conclui seu argumento com a primeira epístola de Paulo aos Coríntios que diz: "O amor não inveja".

Realmente, o amor não inveja. Não pretendemos teorizar sobre a justiça, ela está mais que teorizada. Mas é pouco aplicada, pouco vivida. Entendemos que a justiça existe verdadeiramente onde existe amor, vida, força criadora. Portanto, apesar de apresentar o sentido geral da virtude de dar a cada um o que é seu, usando-se a melhor consciência para julgar, a justiça, na prática, está longe de atingir a igualdade de que fala Freud. Nem poderia, enquanto for resultado de uma formação reativa, tendo como origem a inveja, uma força destrutiva. Entendemos que a verdadeira justiça só pode existir onde houver amor, que, ao contrário da inveja, perdoa, repara, tem compaixão.

Além do mais, não é verdade que todos renunciam a seus desejos, gratificações primitivas, instintos etc., para que haja igualdade e justiça. Ao contrário, muitos renunciam para que os privilegiados desfrutem de todos os seus desejos, sem renunciar a nada. Entendemos também que apenas aqueles mais isentos de pontos cegos, como os humanistas, é que são dotados da melhor consciência para o exercício da justiça, porque são capazes de amar, reparar, perdoar, ter compaixão, amparados na ética que dirige suas ações.

Consideramos, então, que a justiça tem de existir como resultado de uma evolução ética, psíquica, moral, como triunfo da pulsão de vida, e não como um artifício do ego, como uma formação reativa. Afinal, são notórios e constantes seus fracassos no sentido de ocultar a inveja, a pulsão de morte, que inspira a forma pela qual a justiça tem sido praticada no mundo contemporâneo. Não é demais lembrar que Freud, em *O mal-estar na civilização* (1929), afirma ser a justiça a primeira exigência da civilização, dizendo que uma lei, uma vez criada, não será violada em favor de um indivíduo. O problema é que não só as leis são violadas como nem todas elas são éticas e justas.

Dissemos anteriormente do pessimismo, ou talvez seja melhor dizer, do realismo de Freud, em relação à humanidade. E é no texto *O mal-estar na civilização* que Freud afirma ser a nossa civilização a fonte social de nosso sofrimento. Ele parte da experiência cotidiana da infelicidade de todos os homens, ou seja, "infelicidade de nosso corpo, condenado à decadência, infelicidade provocada por nosso encontro com as forças naturais obstinadas em nos destruir, infelicidade provocada por nossas relações com nossos semelhantes" (Freud, 1929, p. 95).

O propósito da vida humana seria, então, para Freud, escapar à infelicidade ou sobreviver ao sofrimento, uma vez que a realidade se apresenta como verdadeira inimiga do homem, impondo-lhe restrições à satisfação instintiva. Trata-se de renúncias às quais sabemos que nem todos obedecem, independentemente do mal que possam causar.

Interessa-nos mais a posição de Freud a respeito do amor. Em *Psicologia de grupo* e *A análise do ego* (1921), ele já havia afirmado a importância do amor como fator civilizador, o único capaz de colocar um freio ao narcisismo, ao egoísmo e levar ao altruísmo, ao amor pelos objetos, pelos outros. Freud trata dessa questão dentro da dinâmica grupal, mostrando que são os laços amorosos, a libido inibida em sua finalidade sexual, que permitem a união, a permanência e a continuidade do grupo. Mas, ao mesmo tempo, como já dissemos, aponta para a não-reciprocidade desse amor por parte do líder, que se faz amar, mas não ama seus liderados, apenas ilude-os.

Em *O mal-estar na civilização*, Freud volta ao tema e aponta Eros, o amor, ao lado de Ananke, a necessidade, como os pais da civilização humana. Assim, a vida comunitária humana desenvolve-se apoiada em dois fundamentos: a) a compulsão para o trabalho criada pela necessidade externa (Ananke) e b) o poder do amor (Eros).

Apesar de reconhecer o amor como um dos fundamentos da civilização, Freud afirma que apenas uma pequena minoria das pessoas se encontra capacitada, por sua constituição, a encontrar a felicidade no caminho do amor. Segundo ele, antes que isso possa acontecer, é necessário que ocorram alterações mentais de grande alcance na função do amor. Em sentido geral, o instinto deve ser transformado em um impulso com uma finalidade inibida, desviando-se dos seus objetivos sexuais. Assim, essas pessoas evitariam as incertezas e decepções do amor genital, não se fixariam em um objeto isolado, particular, mas estenderiam o seu amor a todos os homens, protegendo-se, ao mesmo tempo, contra a perda do objeto. O amar estaria além do amor particular, produzindo "um estado de sentimento imparcialmente suspenso, constante e afetuoso, que tem pouca semelhança externa com as tempestuosas agitações do amor genital, do qual, não obstante, deriva-se" (Freud, 1929, p. 122).

Freud cita, então, São Francisco como aquele que talvez tenha conseguido ir mais longe, entre os seres humanos, na capacidade de utilizar o amor para beneficiar um sentimento interno de felicidade. Acrescenta, então, que essa técnica utilizada para realizar o princípio do prazer tem sido frequentemente vinculada à religião. Mais ainda: essa disposição para o amor universal, para amar toda a humanidade, caracteriza o ponto mais alto que o homem pode alcançar sob um determinado ponto de vista ético.

Freud, entretanto, não concorda com essa forma de conceber o amor e apresenta duas objeções principais a ela. Em primeiro lugar, ele afirma que um amor que não discrimina lhe parece privado de uma parte de seu próprio valor, pois faz injustiça a seu objeto. E, em segundo lugar, Freud diz que nem todos os homens são dignos de amor.

Não iremos nos alongar na análise que Freud desenvolve a respeito da incompatibilidade entre o amor e a civilização, pois ela não cabe neste momento da discussão. Mas queremos comentar, de nosso ponto de vista, as objeções que ele faz ao amor universal. Entendemos essas objeções como uma forma egoísta e limitada de conceber o amor, particularizando o objeto ao qual ele se dirige, como se o amor existisse para abranger uma única pessoa. A espera de retribuição parece-nos uma troca coisificada, uma mercantilização do afeto, um empobrecimento da acepção franciscana: "é dando que se recebe".

A retribuição é dada pelo estado de harmonia interna que a capacidade de amar possibilita aos que a possuem. É dada pela felicidade interior, por um "estar bem" com os objetos internos e externos. E pela harmonia com o Todo, a Vida, a Paz.

Em relação aos que não são dignos de amor, como diz Freud, se não podem ser amados, que não sejam odiados, retaliados, o que contribuiria para impregnar ainda mais o nosso campo psicossocial de violência, mas que sejam contidos. Na verdade, eles são dignos de pena, de compaixão, pois se não são dignos de serem amados é porque ainda não aprenderam a amar, não foram tocados pela única força capaz de mudar o mundo. O contato com o amor, e não com o ódio, poderia, para aqueles que já carregam a semente do amor, fazê-la germinar. E há ainda os que, como São Francisco, conseguem amar a todos, mesmo aqueles que não são dignos de amor, ainda que Freud duvide de tal possibilidade.

Aristóteles (1987), em *Ética a Nicômaco*, discute questões relativas à *philia*, ou seja, à amizade, ao amor fraterno entre os homens. Segundo ele, as relações amigáveis de um homem com seu semelhante, as características pelas quais são definidas as amizades, por exemplo desejar e fazer o bem a seu amigo, compartilhar as alegrias e pesares de seu amigo, entre outras coisas, parecem ter suas origens nas relações que um homem bom tem para consigo mesmo.

Aristóteles considera que a virtude e o homem bom parecem ser a medida de todas as classes de coisas. O homem bom tem opiniões harmônicas, deseja o que é bom para si, mas com a condição de continuar a ser o que é. Se a existência é boa para o homem virtuoso, diz Aristóteles, ninguém (virtuoso, obviamente) desejaria possuir o mundo inteiro se para isso fosse necessário tornar-se uma pessoa diferente do que é. Ele vive bem consigo mesmo, pensa por si mesmo, sofre e se alegra consigo mesmo, e sua mente, em vez de vazia, é habitada de bons objetos de contemplação.

Essas características pessoais o homem bom transfere para suas relações de amizade. Por outro lado, diz Aristóteles, o homem mau, não possuindo nada de louvável, não sente nenhum amor por si mesmo, não sofre ou se alegra consigo mesmo, não parece amigavelmente disposto nem para si mesmo, pois não há nada em si digno de amor. Diante de tal índole, aconselha Aristóteles, devemos usar todos os nossos esforços para evitar a maldade, que faz de nós a mais desgraçada das criaturas. E nos empenharmos em sermos bons, "porque só assim poderemos ser amigos de nós mesmos e dos outros" (Aristóteles, 1987, p. 164).

Como se vê, a maldade não se opõe somente à amizade pelos outros, mas torna também o homem mau inimigo de si mesmo.

Aristóteles acentua a importância da atividade como característica da vida, afirmando que nós existimos em virtude da atividade, ou seja, vivendo e agindo.

Acrescenta que o amor é como a atividade, enquanto ser amado remete à passividade. Assim, entre os atributos mais ativos entre os homens estão o amor e seus concomitantes.

A atividade que Aristóteles designa ao ato de amar nos leva diretamente à pulsão de vida, Eros, uma vez que vida é movimento, opondo-se à morte, ausência de movimento, volta ao estado inorgânico, como Freud caracteriza o auge da pulsão de morte. Portanto, quanto mais amor, mais atividade, mais vida.

No final de seu texto, Aristóteles deixa-nos uma observação extremamente preciosa sobre os modelos de identificação e sua importância na vida das pessoas, ainda que não tenha, evidentemente, usado essa expressão, ou seja

> [...] E assim a amizade dos maus mostra ser uma péssima coisa (porque, em razão da sua instabilidade, coligam-se em ocupações más, além de piorar cada um pelo fato de se tornar semelhante aos outros), enquanto a amizade dos homem bons é boa porque cresce com o companheirismo. E pensa-se que eles se tornam também melhores graças às suas atividades e à boa influência que uns têm sobre os outros, pois cada um recebe dos demais o modelo das características que aprova – e daí a frase: "(aprender) ações nobres de homens nobres" (Aristóteles, 1987, p. 176-7).

Os homens nobres, bons, virtuosos, capazes de amar, descritos por Aristóteles são os pontos fixos, modelos saudáveis de identificação de que falamos. Já os homens maus, que influenciam maleficamente os demais, constituem os modelos doentios, que chamaremos a partir de agora de "pontos instáveis". Em oposição aos pontos fixos, ao invés de contribuírem para alavancar a construção do mundo, tanto interno, quanto externo, alicerçada no amor, os "pontos instáveis" desestruturam, atacam, corroem os alicerces frágeis do terreno onde o amor ainda não chegou a florescer.

A *Ética a Nicômaco* de Aristóteles deixa claro que bondade, virtude, amizade, fraternidade, amor e ética fazem parte do conjunto que define a nobreza de um ser humano.

Hannah Arendt, em *O conceito de amor em Santo Agostinho* (1997), conduz-nos ao amor não mais entendido como a reciprocidade entre amigos (*philia*), da concepção aristotélica. Analisando o pensamento de Santo Agostinho, ela esclarece que seu ponto de partida é o amor como desejo, única definição de amor dada por Santo Agostinho. Entretanto, Arendt, ao esclarecer as contradições do pensamento agostiniano, conduz-nos ao que nele é fundamental, ou seja, a questão do amor ao próximo, da possibilidade do interesse do homem pelo próximo, ainda que isolado de tudo o que se relaciona com o mundo.

Com Santo Agostinho, entramos no campo da renúncia, da caridade que nasce da fraternidade, do amor que não escolhe o amado, ou seja, amar é doar. Doação é **ágape**, outra concepção de amor para os gregos. Remete à refeição compartilhada pelos antigos cristãos. Hannah Arendt observa que o ágape não tem em Santo Agostinho o significado fundamental que tem para São Paulo, pois, para este, era entendido como a possibilidade de alcançar a perfeição já neste mundo.

Santo Agostinho fala de um amor mundano, preso ao mundo, um falso amor que ele chama de cobiça. O seu contrário é a caridade, o amor justo que aspira à eternidade e ao futuro absoluto. Arendt esclarece que esses dois conceitos são construídos a partir do amor definido como desejo, pois a caridade e a cobiça diferem entre si em função do objeto a que buscam alcançar. Se o desejo é da ordem do mundo, ele é mundano, sua cobiça decide sua corruptibilidade nos negócios mundanos.

A caridade, ao tender para a eternidade, torna-se, por isso mesmo, eterna. Ela é um dever, nasce da fraternidade e permanece uma necessidade. Essa necessidade, partindo da explicitação do próprio ser, não é exclusivista, não se dirige para um homem em particular, o qual, como acentua Arendt, pode ser bom ou mau para aquele que ama. O objeto da caridade não é, então, mundano, particular, e sim todos os homens, pois somente o que é comum a todos é determinante e isso se aprende na fé.

O pecado é o que há de comum no passado do gênero humano, e diz respeito ao crente, determina a caridade, o dever para com o outro. Em função do pecado, um perigo, que é a morte, pesa constantemente sobre essa vida, carregada de tentações. O impulso concreto para o amor ao próximo deriva da consideração desse perigo, que cria uma comunidade de destino assentada sobre a morte, que ameaça a todos.

Segundo Santo Agostinho: "Efetivamente, nada impele tanto à misericórdia como o pensamento do próprio perigo [...]. Consequentemente, a paz e o amor estão guardados no coração pelo pensamento do perigo comum" (*apud* Arendt, 1997, p. 166).

O fundamento do amor, diz Arendt, está na consciência comum do perigo. Como a humanidade contemporânea carece de amor, caridade, fraternidade, misericórdia, paz, a consciência do perigo, ao que parece, não existe, até porque a morte só existe para quem é humano, e não para os que se acreditam deuses.

Por outro lado, talvez possamos pensar no pecado comum a todos como a falta, o erro, o ataque ao objeto de amor que deve ser reparado, reconstituído, estendendo-se o amor aos objetos externos, estabelecendo um paralelo com a posição depressiva de Melanie

Klein. O perigo comum, a morte, que nos une na mesma comunidade de destino, seria a perda do objeto amoroso, da mãe amada, de quem nos doa a vida. Seria a culpa depressiva movendo a necessidade de reparação, a caridade, a consideração, o amor. Mesmo porque, diz Arendt: "[...] a angústia constante de toda a vida pode doravante significar a redenção para o homem bom" (Arendt, 1997, p. 167).

O amor ao próximo exige do homem uma renúncia a si que se expressa no comportamento que se tem diante do mundo. Essa renúncia de que fala Santo Agostinho promove, segundo ele, uma realização, que é dar a cada um e a si próprio o seu verdadeiro sentido, originário de Deus.

Arendt observa que o amor ao próximo tem um papel fundamental em Santo Agostinho e que, no cristianismo, ele representa a possibilidade mesma de se ter uma ligação com o mundo, ainda que na ligação a Deus. O lugar do próximo no mundo ordenado, diz ela, é ao lado do eu, mantendo-se ao mesmo nível dele. Consequentemente, eu devo amá-lo como a mim mesmo. A possibilidade de também poder fruir Deus dá ao próximo o seu lugar de próximo na ordem e, como homem, ele está inscrito em uma ordem que decide sobre o amor.

Analisando o papel do próximo em Santo Agostinho, Arendt (1997) diz

> O amor na renúncia ama renunciando a si, isso significa que ele ama todos os homens sem a menor diferenciação, o que para o amor faz do mundo um simples deserto. E esse amor ama os outros como a si próprio. Na atualização da relação retrospectiva, a criatura acede ao seu próprio ser. Ela se compreende, ela

que é como vinda de Deus, ao mesmo tempo que indo em direção a Deus, no seu ser face a Deus. É somente nessa compreensão retrospectiva do próprio ser e do isolamento que aí se realiza, que surge o amor fraterno (*frater* = *proximus*). A condição para uma compreensão justa do próximo é a compreensão justa de si mesmo. É apenas aí onde me asseguro da verdade do meu próprio ser que posso amar o próximo no seu verdadeiro ser, no seu ser de criatura, o *creatum esse* (p. 115-6).

Não podemos deixar de assinalar que os comentários finais de Arendt a respeito do isolamento, da autocompreensão justa como condição para uma justa compreensão do outro, das condições para o amor fraterno, aproximam-nos muito das considerações de Money-Kyrle a respeito das importantes relações entre o autoconhecimento e a ética humanista anteriormente discutidos.

Søren A. Kierkegaard (2005), em *As obras do amor*, nos traz o amor como o que precisa se realizar como um mandamento, o mandamento do amor ao próximo, apoiado no chamado hino à caridade da primeira epístola de Paulo aos Coríntios, como anuncia Álvaro L. M. Valls (p. 7) em sua apresentação da obra em português.

Sob a forma de discursos, diz o apresentador da obra, Kierkegaard compara o amor cristão (*agape*, em grego) com o amor apaixonado platônico (*eros*) e a amizade aristotélica (*philia*), as três formas pelas quais o amor se apresenta para os gregos.

Interessa-nos mais de perto a questão do amor ao próximo. Afinal, quem é o próximo a quem devemos amar? Santo Agostinho nos diz que é aquele que se coloca ao lado do eu e que deve ser amado como um igual. Na sua concepção, "o que ama faz daquele que ama um igual a si e ama-o nessa igualdade, sem se preocupar em saber se o compreende ou não" (Arendt, 1997, p. 116).

Entendemos que o próximo que se coloca ao lado do eu é, na verdade, o *alter*, o outro, o diferente que é transformado em igual ao ser amado. Em sua capacidade de criar, transformar, unir, o amor faz do diferente, do outro, um igual e do distante um próximo, ao alcance do amor do eu. Só o amor é capaz de superar as distâncias, as diferenças que produzem as indiferenças e as hostilidades.

Kierkegaard considera que o próximo é aquele que está mais próximo de cada um de nós. Essa proximidade, entretanto, não significa predileção, pois, se assim o fosse, tratar-se-ia de um amor ególatra, um amor por nós mesmos. Kierkegaard diz então que "o conceito do 'próximo' é propriamente a reduplicação de tua própria identidade" (2005, p. 36), o outro, ou seja, o *alter* é que coloca à prova o que ele chama do egoístico do amor de si. Ele significa todos os homens, mas basta apenas um homem para pôr em prática a lei do amor cristão. É no reconhecimento do dever que se descobre facilmente o próximo em relação a cada um de nós.

O meu próximo é aquele para com quem eu tenho uma obrigação. Ao cumprir o meu dever, estou mostrando a ele que sou seu próximo, ou seja, aquele que está próximo faz-se presente, abre mão do amor por si mesmo, narcísico, em benefício do amor ao outro. É por isso mesmo que o amor ao próximo significa um desafio e uma ameaça ao amor narcísico. E é por esse motivo que Freud afirmou que o amor pelos outros, pelos objetos, só é possível com a redução do amor narcísico, transformando-se o egoísmo em altruísmo, sendo o amor um fator de progresso civilizatório.

Kierkegaard acrescenta que o mandamento cristão prescreve: "Tu deves amar o próximo como a ti mesmo". Entretanto, diz ele, o mandamento, quando é bem compreendido, diz também o inverso, ou seja: "Tu deves amar a ti mesmo da maneira certa". Portanto, como decorrência, não é possível amar ao próximo se não se é capaz de amar a si mesmo da maneira certa.

Kierkegaard introduz aqui uma questão que aponta para as nossas contradições e o nosso distanciamento em relação à nossa própria humanidade. Ele afirma que os homens não sabem amar nem a si mesmos, e exemplifica com inúmeras situações a sua afirmação. Assim, quando os homens gastam o seu tempo e seus esforços em serviços vãos e passageiros; quando o leviano se entrega às loucuras do instante, como se o tempo e a vida nada significassem; quando o melancólico deseja pôr fim à sua vida; quando um ser humano entra em desespero porque um outro ou o mundo o traiu; quando um homem, atormentando-se e torturando-se, acredita fazer um favor a Deus; quando tudo isso e infinitas outras infelicidades criamos a nós mesmos, só há uma resposta para nossos porquês. Ainda não aprendemos a nos amar. Como amar ao próximo, então?

Kierkegaard diz que no mundo muito se fala de traição e infidelidade, o que constitui, realmente, uma grande verdade. Mas ele esclarece que o maior traidor é aquele que trazemos dentro de nós mesmos. Ele é o mais perigoso, pois a traição se passa em segredo, dentro de nós, quer amando-nos de forma egoísta ou de maneira errada. Nós não nos limitamos a nos trair, criamos a nossa infelicidade. No auge do narcisismo que caracteriza a sociedade contemporânea, nosso egoísmo, que nos aprisiona em nosso próprio ego, acompanhado do amor às coisas fúteis, passageiras, materiais, às quais nos apegamos, impede que sejamos felizes. A traição, que é fruto de nosso autodesconhecimento, não nos deixa livres para amarmos verdadeiramente a nós mesmos e ao próximo.

O próximo, para Kierkegaard, como para Santo Agostinho, é o igual, e não aquele por quem se tem predileção, até porque é fácil amar os prediletos, aqueles que nos amam, exigindo a reciprocidade de uma troca comercial. Amar o próximo, para Kierkegaard, é igualdade, pois com o próximo se compartilha a igualdade dos homens diante de Deus.

Kierkegaard acentua a necessidade de passar de *eros* e *philia* ao *agape*, afirmando que o cristianismo não veio ao mundo para explicar como se deve amar a esposa ou um amigo, e sim para ensinar que se deve amar no sentido da universalidade humana a todos os homens. O ensinamento cristão produz uma transformação, diz o pensador, que, por sua vez, transforma o amor natural (*eros*) e a amizade (*philia*). E nos conduz, portanto, ao *agape*, à doação, ao amor que não exige reciprocidade.

A expressão maior dessa transformação, do amor que doa sem exigir, sem escolher, Kierkegaard (2005, p. 202) explicita ao dizer que: "O amar de Cristo era ilimitado, assim como tem de o ser se o que se deve cumprir é isto: ao amar, amar a pessoa que a gente vê".

Amar, de acordo com a compreensão cristã, é amar a pessoa que a gente vê, como ela é, como se apresenta diante de nós, quer ela tenha perfeições ou imperfeições, pois não é ênfase do amor cristão a busca de perfeição, esclarece Kierkegaard.

Na verdade, é muito fácil amar as perfeições de uma pessoa, mas como destaca o pensador dinamarquês, esse amor cessa quando as perfeições deixam de existir, pois a pessoa em si não é amada, tal como ela é. A pessoa deve continuar sendo amada em todas as suas mudanças, uma vez que ela não deixa de ser a mesma pessoa. Esse é o sentido do amor cristão para Kierkegaard, quando o Céu desce para a Terra, sem exigir que o amor se eleve até o Céu. Assim, podemos nos ver e aceitar como humanos, falíveis, imperfeitos, limitados, mas dotados de condição para alcançar um nível de evolução ética, moral, afetiva e espiritual muito mais elevado do que alcançamos até aqui.

Kierkegaard nos fala também da "misericórdia: uma obra do amor, mesmo quando ela não pode dar nada nem consegue fazer nada" (2005, p. 355). Para ele, a misericórdia está muito além do discurso mundano sobre benemerência, obras de caridade, dádivas, dar e dar. A verdadeira misericórdia, no seu entender, depende de como é feito o tudo e o nada que se pode fazer. Ela tem a ver, na realidade, com a interioridade, e não com a exterioridade, com o que se pode ver. O que impressiona nosso lado sensível, que atrai facilmente nossa atenção, nos impede de ver a misericórdia.

Kierkegaard (2005) pergunta

> Qual é, com efeito, a misericórdia maior: quando poderosamente socorremos a necessidade dos outros, ou quando, sofrendo pacientemente em silêncio, guardamo-nos misericordiosamente de perturbar a alegria e a felicidade dos outros? Qual dos dois amou mais: o afortunado que mostra sua simpatia pelo sofrimento dos outros, ou o desafortunado que mostra verdadeira simpatia pela alegria e a felicidade dos outros (p. 367).

Talvez seja mais fácil socorrer poderosamente a necessidade dos outros, pois sofrer em silêncio para não perturbar a alegria e a felicidade dos outros envolve superar a inveja por essa felicidade e o egoísmo que impele a perturbá-la com a exposição do próprio sofrimento.

Do mesmo modo, mais capaz de amar é o desafortunado que tem verdadeira simpatia pela alegria e felicidade dos outros, o que só é possível com a superação da inveja. Na comoção do momento ou na hipocrisia subjacente, é sempre mais fácil ao afortunado evidenciar simpatia pelo sofrimento dos outros, como se vê no comportamento de figuras públicas diante de grandes tragédias. A misericórdia, como obra do amor, opera no silêncio da interioridade, sem se exibir em público. Ela age sem propaganda e sem alarde, como a caridade.

O mundo da interioridade, diz Kierkegaard, uma reprodução do que as pessoas chamam de realidade, é, na verdade, a realidade efetiva. É nesse mundo, solitário diante de si mesmo, que o homem pode descobrir que Deus existe. É também na solidão, voltado ao seu mundo interior, que o homem pode aprender tudo o que diz e faz aos outros. Para o filósofo dinamarquês, Deus apenas repete, como um eco, com a amplificação do infinito, a palavra de perdão ou condenação que o homem pronuncia sobre o outro. Esse eco só pode ser ouvido na interioridade, diz ele, pois a exterioridade, com seu corpo denso e com os ouvidos da carne, não permitem ouvi-lo. Viver na agitação e no tumulto da cidade também não, pois torna difícil acreditar no eco. E é assim que o homem passa toda a sua vida ignorando o que se diz a respeito dele.

Como já dissemos, a sociedade-espetáculo, midiática, contemporânea, convida incessantemente ao *acting out*, à exterioridade, ao esvaziamento contínuo da subjetividade. Uma grande parte da humanidade (que representa essa própria sociedade) tem atendido a esse convite. Assim, o eco de Deus, a própria consciência, não pode ser ouvida, pois é impossível o exercício do autoconhecimento para os que visam apenas à exterioridade – os seres viventes de Lévinas. E é assim que os homens passam a vida toda ignorando a si mesmos.

Essa ignorância afasta os homens do amor e de suas obras: a caridade, a misericórdia, a justiça, a fraternidade, a solidariedade, a compaixão, o perdão.

"O descobridor do papel do perdão na esfera dos negócios humanos foi Jesus de Nazaré", diz Hannah Arendt (1997, p. 250). Ela destaca a importância dessa descoberta, que, apesar de realizada em um contexto religioso, não retira sua importância humana e política, bem como a de outras experiências políticas autênticas derivadas dos ensinamentos de Jesus.

Assim, pensando na teia de relações humanas, o perdão libera os homens para que a vida possa continuar. Os homens podem ser agentes livres somente através dessa mútua e constante desobrigação do que fazem, diz Arendt. Entretanto, afirma, esse poder tão grande só lhes é dado sob confiança uma vez que exista um desejo constante de mudar de ideia e recomeçar, ou seja, a disposição de não reincidir no erro.

É sob esse aspecto, observa Arendt, que o perdão é exatamente o oposto da vingança, que pode ser esperada e calculada como reação automática à transgressão, enquanto o perdão não pode ser previsto (até porque são poucos os que perdoam).

Como alternativa, mas não como oposto ao perdão, existe a punição. Há um aspecto comum ao perdão e à punição, diz Arendt, que é a tentativa de pôr fim a uma ação que poderia continuar sem cessar quando nada se faz para interditá-la. As ofensas que desde Kant são chamadas de "mal radical" são caracterizadas, afirma Arendt, pelo fato de os homens não poderem perdoar aquilo que não podem punir, nem punir o que é imperdoável. São, portanto, ofensas "[...] que transcendem a esfera dos negócios públicos e as potencialidades do poder humano, as quais destroem sempre que surgem" (Arendt, 1997, p. 253).

O mal é uma consequência do afastamento do amor, e ele deve ser combatido e interditado através dos limites que a justiça, obra do amor, deve exercer. Arendt (1952) cita a proposição de Sócrates: "É melhor sofrer o mal do que praticá-lo", como uma sentença que se tornou o início do pensamento ético ocidental. Entretanto, diz ela, alguns preceitos éticos propostos por um homem no singular podem trazer consequências desastrosas quando seguidos zelosamente. Contrapõe à proposição de Sócrates o comentário de Maquiavel: "[...] aqueles que se recusam a resistir ao mal permitem que o perverso 'faça quanto mal lhe aprouver'" (Arendt, 1997, p. 304).

Aqueles que reincidem no mal, porque ainda são refratários ao amor, devem ser contidos, interditados.

Além do mal, está o bem, o amor, a pulsão de vida, e é com ele que se deve resistir ao mal, combatê-lo, antes de mais nada, através da justiça, obra do amor e, profilaticamente, através da disseminação de modelos amorosos de identificação, humanistas, pontos fixos, estruturantes, que resistam aos "pontos instáveis", desestruturantes e destrutivos do mal.

Para Lévinas (2004, p. 143), o nosso encontro com outrem nos torna imediatamente responsáveis por ele. "A responsabilidade pelo próximo é, sem dúvida, o nome grave do que se chama amor do próximo, amor sem Eros, caridade, amor em que o momento ético domina o momento passional, amor sem concupiscência".

Dado o desgaste e a adulteração da palavra amor, Lévinas prefere falar na necessidade de assumirmos o destino de outrem, do rosto que se apresenta diante de nós e pelo qual somos responsáveis. Ao falar da responsabilidade e da justiça, Lévinas coloca a ideia da luta contra o mal, da resistência contra o mal, personificado no "carrasco", que ameaça o próximo, já não é dotado de rosto, e chama a violência.

Segundo Lévinas, o essencial da consciência humana é a responsabilidade de todos os homens uns pelos outros, e "eu mais que todo mundo". Ele considera a responsabilidade um princípio de individuação.

A responsabilidade pelo outro exige a justiça, que, para Lévinas, brota do amor, que deve sempre vigiá-la. O amor não deve vigiar apenas a justiça, mas vigiar o mal, opor-se e resistir a ele, com todas as suas forças, com todas as obras. Para que a barbárie, em todas as suas formas, mas, talvez mais emblematicamente representada pelo nazismo e seus terríveis campos de concentração, não triunfe. Para que não existam, nunca mais, outros campos de Terezin (*Theresienstadt*), cuja história Ecléa Bosi (2003) nos conta de forma tão viva, triste e trágica, cravando-nos na alma os ecos de tanto sofrimento e desumanidade. Mas, ao mesmo tempo, mostrando-nos o tempo todo a luta pela vida, a resistência ao mal, a necessidade da preservação da memória dessa luta como testemunho de uma realidade que não se deve esquecer para que não possa se repetir.

O estado de barbárie civilizatória, como supremacia de Tânatos, a pulsão de morte, tem em seu centro a subjetividade esvaziada, preenchida de fora para dentro com o desejo por objetos materiais, de consumo; habitada por um ego narcísico, apresenta todas as características da posição esquizoparanoide descritas por Melanie Klein. A humanidade, em grande parte, comporta-se ainda como um imenso berçário, no qual "bebês crescidos" apenas fisicamente projetam seus ódios e rancores, traduzidos em inveja, violência, injustiça, corrupção, voracidade, ambição, ingratidão. Negam, atacam, dividem, projetam, poluindo o campo psicossocial com suas "obras do ódio", correlatos da pulsão de morte.

É preciso resistir a esse mal com o que está antes e além dele, o amor, pois a criação, o que vem primeiro, é um ato de amor. Promover um renascimento humanístico, fundado no preenchimento da subjetividade através do autoconhecimento, no encontro de si mesmo, do crescimento afetivo, ético, moral e espiritual, de dentro para fora. Ir além, transcender o imediatismo pobre e vazio do aqui-e-agora que despreza laços, vínculos, memória, tradição, afetos, trazendo para os relacionamentos humanos a bondade, a gratidão, a empatia, a culpa, a reparação, a fraternidade, tudo o que diz respeito ao amor, à pulsão de vida. Entrar na posição depressiva e vivê-la, sem medo de sofrer pelo amor ao objeto, antes de mais nada pelo amor da mãe. É ela o ponto fixo fundamental para essa transformação, que só pode ocorrer de dentro para fora, com a construção da subjetividade saudável, sujeito a sujeito.

Massimo Canevacci (1981, p. 211) comenta as ideias discutidas por Adorno e Horkheimer em seus *Estudos sobre a autoridade e a família*. Segundo os frankfurtianos, a família tem sido usada como matriz para promover a internalização dos mecanismos de submissão, sendo "a função essencial da relação autoridade/família fixar, desde a infância, a necessidade, 'objetiva', do domínio do homem sobre o homem".

Mas, em vez de fixar a propagação do mal, que é a submissão, a dominação, a mãe, fundamentalmente a mãe Antígona e kleiniana, (para nós) guerreira e amorosa, pode ser o modelo primeiro e mais importante para a mudança que de necessitamos. E deverá ser seguida por todas as "mães" sociais, pontos-chave da sociedade, promovendo a identificação com modelos saudáveis, os humanistas, de Money-Kyrle.

Esperamos que Canevacci (1981, p. 211-2), falando dessa mãe Antígona, esclareça melhor o sentido de nossas reflexões

> [...] Mas, ao mesmo tempo, retomando a imagem de Antígona na sugestiva interpretação de Hegel, a família pode se tornar o irredutível local de oposição à tirania dos Estados totalitários. A tensão voltada para a emancipação do gênero humano, que orienta toda a pesquisa, conserva-se até hoje graças precisamente ao fato de se ter indicado na mulher o sujeito não utilitário e, portanto, o sujeito "negativo",, capaz de libertar a inteira estrutura familiar de sua função repressiva e de realizar o princípio do amor tão constantemente buscado e evocado. Mas a condição para isso é que não se deixe esquecer a advertência constante de Adorno e Horkheimer: "Não haverá emancipação da família sem emancipação da totalidade social".

Acreditamos que a emancipação começa no indivíduo, no sujeito que conhece a si mesmo. A sua desalienação psíquica, afetiva, ética contribuirá para a desalienação social. O princípio do amor que carregamos dentro de nós, ainda que incipiente, só pode se realizar em um processo lento de entrelaçamento entre o psíquico e social. Não o realizaremos todos ao mesmo tempo. Ao contrário, poucos o conseguem, por enquanto. Mas cada um que cresce afetiva e eticamente é um ponto a atrair com a luz de seu amor, que tudo une, tudo constrói e é capaz de transformar o mundo daqueles que ainda estão adormecidos, mas capazes de despertar para a construção de um mundo melhor.

REFERÊNCIAS BIBLIOGRÁFICAS

ARENDT, H. *A condição humana*. São Paulo: Forense Universitária, 1998.

_____. *Entre o passado e o futuro*. São Paulo: Perspectiva, 1972.

_____. *O conceito de amor em Santo Agostinho*. Lisboa: Instituto Piaget, 1997.

ARISTÓTELES. *Ética a Nicômaco*. São Paulo: Abril Cultural, 1987.

ASCH, S. *Psicologia social*. São Paulo: Nacional, 1966.

BION, W. R. *Experiências com grupos*. Rio de Janeiro: Imago; São Paulo: Edusp, 1975.

BOSI, E. *O tempo vivo da memória*. São Paulo: Ateliê Editorial, 2003.

BRAUN, V. *Erague muette*. La Libre Belgique, 2004.

CLÉMENT, C. & ARENDT, H. *Etre citoyen du monde*. Paris: Magazine Littéraire, n. 380, outubro, 1999.

DAMERGIAN, S. A construção da subjetividade na metrópole paulistana. In: TASSARA, E. T. de O. (org.) *Panoramas interdisciplinares para uma psicologia ambiental do urbano*. São Paulo: Educ-Fapesp, 2001.

_____. O inconsciente na interação humana. *Revista do Instituto de Psicologia da USP*. São Paulo: Instituto de Psicologia USP, vol. 2, 1/2, 1991.

_____. *O papel do inconsciente na interação humana: um estudo sobre o objeto da psicologia social*. 1988. Tese (Doutorado), Instituto de Psicologia da USP, São Paulo.

_____. & TASSARA, E. T. de O. Para um novo humanismo. Contribuições da psicologia social. *Estudos Avançados USP*. São Paulo: Instituto de Estudos Avançados, vol. 10, n. 28, dez. 1996.

DUVEEN, G. & LLOYD, B. The significance of social identities. Leiscester, *British Journal of Social Psychology*, 25 (part 3), p. 219-30, sept. 1976.

ENRIQUEZ, E. *Da horda ao estado. Psicanálise do vínculo social*. Rio de Janeiro: Zahar, 1993.

_____. *Psicossociologia*. Petrópolis: Vozes, 1994.

ERIKSON, E. *Identidade, juventude e crise*. Rio de Janeiro: Zahar, 1976.

Folha de São Paulo. São Paulo, 3 fev. 2007. Caderno Clima Especial, p. 5.

FREUD, S. (1926[1925]). Inibições, sintomas e ansiedade. In: *Obras Completas*. Vol. XX, Rio de Janeiro: Imago, 1980.

_____. (1930[1929]). O mal-estar na civilização. In: *Obras Completas*. Vol. XXI, Rio de Janeiro: Imago, 1980.

_____. (1921). Psicologia de Grupo e a Análise do Ego. In: *Obras Completas*. Vol. XVIII, Rio de Janeiro: Imago, 1980.

_____. (1914). Sobre o narcisismo: uma introdução. In: *Obras Completas*. Vol. XIV, Rio de Janeiro: Imago, 1980.

GRINBERG, L. et al. *Introdução às ideias de Bion*. Rio de Janeiro: Imago, 1973.

HELLER, A. A morte do sujeito. In: Conferência proferida no Instituto de Psicologia da USP. São Paulo, 13 maio 1992.

KÁVAFIS, K. *Poemas*. Tradução José Paulo Paes. Rio de Janeiro: Nova Fronteira, 1982.

KIERKEGAARD, S. A. *As obras do amor*. Petrópolis: Vozes, 2005.

KLEIN, M. *Inveja e gratidão*. Rio de Janeiro: Imago, 1974.

_____. *O sentimento de solidão*. Rio de Janeiro: Imago, 1975.

KRISTEVA, J. *Le génie féminin: Melanie Klein*. Tome II. Paris: Fayard, 2000.

LAPLANCHE, J. & PONTALIS, J. B. *Vocabulário de psicanálise*. São Paulo: Martins Fontes, 1967.

LASCH, C. *A cultura do narcisismo*. Rio de Janeiro: Imago, 1983.

LÉVINAS, E. *Entre nós. Ensaios sobre a alteridade*. Petrópolis: Vozes, 2004.

LEWIN, K. *Princípios de psicologia topológica*. São Paulo: Cultrix, 1973.

_____. *Problemas de dinâmica de grupo*. São Paulo: Cultrix, 1970.

LORENZER, A. *Bases para uma teoria de la socialización*. Buenos Aires: Amorrortu, 1976.

MASSIMO Canevacci. Adorno e Horkheimer em: *Estudos sobre a autoridade e a família*. São Paulo: Brasiliense, 1981, p. 211.

MATTÉI, J. F. *A barbárie interior*. São Paulo: Editora da Unesp, 2001.

MONEY-KYRLE, R. Psicanálise e ética. In: KLEIN, M. et al. *Temas de psicanálise aplicada*. Rio de Janeiro: Zahar, 1969.

_____. *The collected papers of Roger Money-Kyrle*. Apud MELTZER, Donald. Perthshire, Scotland: Clunie Press, 1978.

ORTEGA Y GASSET, J. *A rebelião das massas*. Lisboa: Relógio D'Água.

PIAGET, J. *Seis estudos de psicologia*. Rio de Janeiro: Forense, 1967.

PLATÃO. *Diálogos. O banquete. Fédon. Sofista. Político.* São Paulo: Abril Cultural, 1972. Coleção Os pensadores.

RUSTIN, M. *A boa sociedade e o mundo interno.* Rio de Janeiro: Imago, 2000.

SÓCRATES, F. *Os pensadores.* São Paulo: Abril Cultural, 1972.

ZIMMERMANN, D. In: KLEIN, M. *Inveja e gratidão*. Rio de Janeiro: Imago, 1974.